写给孩子的史记

司马迁 著　启文 主编

中国国际广播出版社

图书在版编目（CIP）数据

写给孩子的史记 / (西汉) 司马迁著；启文主编
. -- 北京：中国国际广播出版社，2021.8
ISBN 978-7-5078-4969-1

Ⅰ．①写… Ⅱ．①司… ②启… Ⅲ．①中国历史－古
代史－纪传体－青少年读物 Ⅳ．① K204.2-49

中国版本图书馆 CIP 数据核字 (2021) 第 172255 号

著　　者	司马迁	
主　　编	启　文	
责任编辑	笑学婧	
校　　对	张　娜	
设　　计	青蓝工作室	

出版发行　　中国国际广播出版社有限公司 [010-89508207（传真）]
社　　址　　北京市丰台区榴乡路 88 号石榴中心 2 号楼 1701
　　　　　　邮编：100079
印　　刷　　金世嘉元（唐山）印务有限公司

开　　本　　670 毫米 ×960 毫米　1/16
字　　数　　160 千字
印　　张　　16
版　　次　　2021 年 8 月　北京第一版
印　　次　　2021 年 8 月　第一次印刷
定　　价　　69.00 元

【前言】
Preface

　　《史记》是我国纪传体史学的奠基之作，同时也是我国传记文学的开端。鲁迅称赞《史记》是"史家之绝唱，无韵之离骚"，正是对它在史学和文学史上卓越成就的精辟评价。

　　《史记》不仅具有珍贵的史料价值，而且是一部优秀的文学作品。司马迁像诗人、画家、文学家一样，用生动的语言、传神的笔力、充沛的情感，描绘了众多形象立体、个性鲜明、富有传奇色彩的历史人物。书中形神兼备、跃然纸上的人物描述，开拓了我国传记文学作品的先河。它的成功在于采用文学手段塑造了一系列有血有肉、灵性十足的人物形象，他们形形色色、众态纷呈、惟妙惟肖、栩栩如生。

　　这一系列血肉丰满的人物形象，从不同侧面集中体现了人文精神，许多人物成为读者仰慕和思索的对象，给他们以鼓舞和启迪。《史记》所渗透的人文精神是多方面的，主要有：以立德、立功、立言为宗旨以求青史留名的积极入世精神；忍辱含垢、历尽艰辛而百折不挠、自强不息的进取精神；舍生取义、赴汤蹈火的勇于牺牲精神；批判暴政酷刑、呼唤世间真情的人道主义精神；立志高远、义不受辱的人格自尊精神，等等。

阅读《史记》不仅仅能使读者得到一些历史知识，更多的是明白如何去做人，也就是能得到一种生命的启迪。从正面人物身上可以得到一种力量，从反面人物身上可以吸取一些教训。一个人物身上的主旋律，会给我们一种精神上的启迪，所以胡适说"传记可以帮助人格的培养"。传记是人类生命的一种特殊载体，是素质教育的最好读本。

《史记》全书包括十二本纪（记历代帝王政绩）、三十世家（记诸侯国和汉代诸侯、勋贵的兴亡）、七十列传（记重要人物的言行事迹）、十表（大事年表）、八书（记礼、乐、音律、历法、天文、封禅、水利、财用），规模巨大，体系完备。

《写给孩子的史记》这本书是为了帮助青少年读者在较短时间内大体了解《史记》内容。编者根据孩子们的阅读特点，甄选了本纪、世家、列传里的部分内容进行改编，以人物为纲，讲述一个个传奇故事，可读性极强。每一个人物故事之后的"历史启示录"，可以帮助孩子更好地感受历史，领悟人物形象中所渗透的人文精神，以思考自己的生命价值所在。另外，本书为彩色图文，生动有趣的插图，可以让孩子更沉浸于阅读中。

阅读本书，就仿佛在进行一次足不出户的历史旅行，能够领略那个时代的一切，回顾各种令人难以忘怀的历史事件，体会当时人们的思想感情；阅读本书，听历史人物有声有色地为你讲述他们身上发生的有趣的故事，带领你进入他们的世界，让你在不知不觉中增长了必要的历史知识，丰富了头脑。

【目录】
Contents

纵横天下

公天下 |尧舜禅让的故事|

◉ 传位给谁

尧的父亲是黄帝曾孙帝喾，帝喾死后，长子挚继承帝位。挚继位后，由于没有做出什么政绩，于是禅位给弟弟尧。尧继位后，勤政爱民，深受人们爱戴。

尧在位几十年后，自觉年事已高，就想找个人来接班。

尧问大臣放齐："你说说看，谁可以继承我的位子？"

放齐回答说："您的儿子丹朱很合适。"

尧一听，不禁皱起眉头，说："丹朱这个人愚顽、凶恶，不能用。"

尧随后又问道："那么还有谁可以？"

大臣驩兜这时说："共工在百姓中很有威信，可以用。"

尧说："共工很会说漂亮话，但用心不正，看上去很恭敬，其实是欺骗上天，这样的人不能用。"

丹朱不能用，共工也不能用，那么尧的天下共主之位又该传给谁呢？

◉ 把女儿嫁给舜

尧在位已经七十年了，他决定彻底解决接班人的问题。一天，他招来四岳，也就是分管四方的诸侯羲仲、羲叔、和仲、和叔，对他们说："各位首领，你们当中谁能顺应天命，接替我的帝位？"

四岳回答说："我们这几个人的德行都很鄙陋，不敢糟蹋帝位。"

尧说："既然这样，那你们看看，大臣中有没有合适的人选，如果没有，再从隐居在民间的贤才中选一选，有德行的庶人也可以考虑。"

听尧这么一说，四岳便推举了舜。

舜的先祖虽然是黄帝的儿子昌意，但到他父亲这一辈，早已成了平民。

舜的父亲瞽叟是个盲人，舜的生母死得早，瞽叟又娶了一个妻子生下了象。瞽叟喜欢后妻的儿子，打算让他继承家业，因此常常设计想把舜杀掉，但舜依旧很恭顺地侍奉父亲、后母，爱护后母生的弟弟，没有一丝懈怠。因此，舜在二十岁时，就以孝顺出了名。

尧听到四岳说出舜的名字，沉思片刻后说："他这个人怎么样？"

四岳回答说："他是个盲人的儿子。他的父亲愚蠢不明事理，后母顽固浅薄，弟弟傲慢无礼，然而舜却能与他们和睦相处，把家治理得井井有条，让他们不至于成为恶人。"

尧说："那我就试试他吧。听说他三十岁了还没有娶妻，我就把两个女儿嫁给他，好好考察一下他的德行。"

◉ 舜代行天子之职

尧把两个女儿娥皇、女英嫁给舜，以考察他在家时的德行，同时让九个儿子和他共处，以观察他在外面的为人。

舜让两位夫人降下尊贵之心，居住在妫水岸边，遵守为妇之道，而自己在家里做事也更加谨慎。尧的两个女儿没有因为出身高贵而傲慢地对待舜的家人，尧的九个儿子也更加忠诚厚道。舜因此赢得了大家的敬重。

当舜在历山耕种时，当地人都能互相谦让，不再为田地的边界而争斗；当舜在雷泽捕鱼时，当地人都能主动将便于捕鱼的位置让给别人；当舜在黄河岸边制作陶器时，那里就再也没有生产出次品。

短短一年的工夫，舜住的地方就变成了一个村子，两年就成为一个小城市，三年就变成一个大都市。

看到舜取得的成就，尧很高兴，赐给舜一套细葛布做成的衣服和一张琴，还为他建造了仓库，又给他一些牛和羊。

这之后，尧为了锻炼舜的办事能力，让他去民间宣扬父义、母慈、兄友、弟恭、子孝这五种伦理道德，百姓们都很遵从他的教导。

尧又让他参与官府的事，舜没有让尧失望，无论什么事，他都能处理得井井有条。

这时候，天下有四个凶恶的氏族，尧无力除掉他们，舜则用流放的方式解决了这四个凶恶的氏族，把他们赶到了边远地区去抵御外敌，从此大家都说天下没有恶人了。

尧还要继续考验观察舜，于是派舜去巡视各地的山野丛林和河川草泽。舜出发后，在一处深山遇到了暴风雨，舜没有因此迷路，也没有因此耽误正事，反而很好地完成了尧交给自己的任务。

尧很欣慰，认为以舜的德行与才能值得自己把天下交给他，于是尧对舜说："舜啊，你的办事能力很强，说出的话都能做到。从你为公家办事起至今已经过去三年了，现在是你继承帝位的时候了。"

舜谦让说："我的德行还远远不够，没有资格接受帝位。"

尧执意要把帝位传给舜，便于正月初一祭告祖庙，让舜代行天子之职，掌管天下，然后他自己到四方去巡视。

尧认为自己的儿子丹朱不配继承帝位，他曾对四方诸侯说，把帝位让给舜，不利的只有丹朱一人，而天下人都能得到好处；把帝位传给丹朱，得到利益的只有丹朱一人，而天下人都会遭殃。尧告诉诸侯们，他不能只让一人得利而使天下人受害。

舜确实是一个可托之人，代行天子之职的八年里，他一直勤于政事，从不懈怠。就在这时，尧逝世，天下百姓无不悲伤哀痛，就像死了生身父母一般。在为尧守丧的三年内，整个天下没有一个人寻欢作乐。

◉ 天下难得的孝子

舜被尧选为接班人后，舜的父亲瞽叟仍然想害死他。有一次，瞽叟让舜爬上粮仓顶用泥土补漏。等舜爬上粮仓后，瞽叟马上拿走梯子，在下面放火，想要烧死舜。舜靠着两个斗笠，像长了翅膀一样从粮仓顶跳下来，幸运地躲过一劫。

见没有烧死舜，瞽叟又让舜去挖井。舜挖井的时候，在一边的井壁上凿出一条暗道通向外边。等舜挖井挖到很深的地方，瞽叟叫来象，两人一起往井里倒土，把井填满。舜从旁边的暗道逃了出去。

瞽叟和象很高兴，以为舜死了，就讨论起如何瓜分舜的财产来。

象说："这个主意是我出的，舜的两个女人和尧赐给他的琴都归我，牛羊和仓库里的东西你们拿去吧。"

象说完，立马跑到舜的屋里，弹起尧送给舜的琴。这时舜回来了，象看到他还活着，非常惊愕，继而又摆出一副闷闷不乐的样子说："我正在想念哥哥呢，想得我心情很郁闷啊！"

舜意味深长地说："是啊，你真是我的好兄弟呀！"

虽然知道亲人一直想要害死自己，但舜依旧像以前一样侍奉父母、友爱兄弟。因为这件事，尧更加确定舜就是自己要找的最合适的帝位接班人，于是给舜安排了更多重要的事情，舜都干得很好。

◉ 从"公天下"到"家天下"

舜从没想过自己会成为一代帝王，因此在为尧服丧三年后，他并没有坐上天下共主的宝座，而是躲到了南河的南岸。

他这么做，是想把帝位让给尧的儿子丹朱。可是四方诸侯不管是朝觐还是解决问题，找的都是舜而不是丹朱，百姓们歌颂的也是舜的德行而不是丹朱的。看来这一切都是上天的旨意啊，天

意不可违，于是舜正式登上天子之位，这就是舜帝。

舜成为帝王后，召集四岳，对他们说，自己想要光大尧的事业，让他们推荐天下贤能之人辅佐自己。在四岳的推举下，舜任命禹为司空，负责治理水患；让弃负责农业，教百姓播种百谷；契担任司徒，施行教育。

舜又对皋陶说："皋陶，我任命你为司法官，你要谨慎地使用刑罚，只有执法公正严明，才能使大家信服。"

随后舜又命垂统领各种工匠，益主管山林湖泊，伯夷主管祭祀，夔掌管音乐，龙为纳言官，早晚传达舜的旨意。

舜总共任命了二十二个人担任各方要职，他对这二十二个人说："你们要谨守职责，辅佐我做好上天交付的治国大事。"

这二十二人到了自己的岗位后，都做出了非凡的功业。其中禹的功劳最大，他开通了九座大山，治理了九处湖泊沼泽，疏浚了九条大河，划定了九州的边界，各地诸侯都按时前来进贡，四海之内都受到禹的安抚。天下臣民共同称颂舜的功德，于是禹创制乐曲《九韶》歌颂舜的功德，乐声招来了凤凰，随乐声盘旋起舞。

舜认为禹办事能力强，更重要的是品德方正，于是赐给他一块黑色玉圭，以表彰他的治水之功，还将他选定为自己的接班人。

舜继承尧的帝位三十九年后，在巡视南方的途中逝世。禹为舜服丧三年后，躲到了阳城。他这么做跟当初舜躲到南河南岸一样，都是想把帝位让给前任君王的儿子。但四方诸侯都不去朝拜舜的儿子商均而来朝拜禹，禹知道天意不可违，这才继承了天子之位，接受诸侯们的朝拜，定国号为夏后，姓姒氏。

过了十年，禹逝世，他在生前曾选定皋陶为帝位继承人，但是皋陶很早就死了，禹后来又选定了益，把国政交给他。

由于益辅佐禹的时间较短，没有得到四方诸侯的顺服，因此禹死后，诸侯们都去朝拜禹的儿子启，将启认定为禹的接班人。于是启就继承了帝位。

启没有将帝位禅让给贤人，而是传给了他的儿子。这样"公天下"的禅让制就被"家天下"的世袭制所取代。

历史启示录

"禅让"一词，"禅"为"在祖宗面前大力推荐"，"让"指"让出帝位"。

尧舜禅让的故事，反映了原始社会的民主制度。禅让的方式是和平、民主地推选贤能之人为自己的接班人，不是个人权力的转移，体现了"以人为本，任人唯贤"的思想。

尧舜禅让不管是史实还是传说，都充分说明了尧舜二人高尚的品德和当时淳朴的民风。

鹿台上的一堆火 | 武王伐纣的故事 |

◉ 荒淫残暴的纣王

夏朝的第十七代君王桀在位时，天下诸侯相继不来朝贺，而桀本人不修德行，不理朝政，日夜与宠妃妹喜及宫女饮酒作乐，导致阶级矛盾尖锐，民不聊生。

夏朝的方国商的首领汤举兵讨伐夏桀，夏桀逃到鸣条，最后被放逐而死。自此，天下诸侯全都听命于汤，商朝取代夏朝，汤成为天下之主。

夏朝是因为桀暴虐无道而被商汤灭掉，到了商朝的第三十一代君王纣王在位时，相同的历史再次上演。

纣王天资聪颖，有口才，力气很大，能徒手与猛兽格斗。可是他却把自己的智慧用来拒绝臣下的劝谏，把自己的口才用来掩饰自己的过错。他在大臣面前夸耀自己的才能，凭着声威到处抬高自己，认为天下人没一个比得上他。

纣王沉湎酒色，放荡作乐，尤其宠爱妲己。

他不敬鬼神，随意加重百姓赋税，还派人四处搜集珍禽异兽，同时大兴土木，用酒灌满池子，把肉悬挂起来当作树林，又常常饮酒寻欢，通宵达旦。

纣王荒淫无度，百姓们怨恨他，四方诸侯也生出叛离之意。

为了镇压他们，纣王加重刑罚，设置了炮烙之刑。"炮烙"就是让人在涂满油的铜柱上行走，铜柱下面点燃炭火，人滑倒了就掉在炭火里活活烧死。

纣王任命西伯侯姬昌、九侯、鄂侯为三公。九侯把自己美丽的女儿献给了纣王，她劝谏纣王远离妲己，停止荒淫的生活，纣王很生气，就杀了她。他还下令把九侯剁成肉酱。鄂侯极力为九侯求情，同纣王发生了激烈的争论，结果鄂侯被纣王制成了肉干。

西伯侯姬昌听说这件事后，长长叹息了一声，结果被崇侯虎听到，于是崇侯虎向纣王告发说："姬昌这人很善于收买人心，有很多诸侯都归向他，这对大王您不利呀！"

纣王便将西伯侯囚禁在羑里。西伯侯的臣子为了救出主人，通过纣王的宠臣费仲，向纣王敬献了许多美女和珍奇宝物。纣王见此非常高兴，于是释放了西伯侯，还赐给他弓箭斧钺，授予他征讨叛逆诸侯的权力。

西伯侯出狱后做的第一件事，是把洛水以西的一片土地献给纣王，希望纣王能废除炮烙这种酷刑，纣王答应了他。

费仲这人只会溜须拍马，纣王却用他来管理国家；恶来总喜欢说别人坏话，纣王却特别宠信他。因为纣王重用这两个奸人，百姓和诸侯越来越疏远纣王。

纣王越发残暴，而西伯侯姬昌回到自己的封地后，暗地里修养德行，推行善政，很多诸侯都归服于他。慢慢地，西伯侯的势力越来越强大。

纣王的大臣祖伊听说西伯侯的作为后，跑到纣王那里说："上天已经抛弃我们了，我们气数已尽，而大王您既不敬畏天意，又

不遵循常理。大王您到底想要怎么办呢？"

　　纣王对此毫不在意，他说："我天生就是国君，西伯侯能怎么样？"

◉ 伐商的时机到来

西伯侯姬昌去世后，儿子姬发继位，就是周武王。九年后，他率军来到盟津，然后坐船渡黄河，船到河心，有条白色的鱼跳进船中，武王便用这条鱼祭祀。刚渡过黄河，一个红色的火团突然从天而降，落在武王的行宫屋顶上，凝固成乌鸦的形状。

来到盟津的诸侯看到这些异象，都说："我们可以讨伐纣王了。"

周武王摇摇头说："天命还没有来到我这里，现在还不是时候。"说完他带着军队回去了。

过了两年，纣王更加昏乱暴虐，他的同母庶兄微子多次劝谏，纣王都当耳旁风，于是微子逃离了商朝。

纣王的叔叔比干直言劝谏，纣王大怒，说："都说你是圣人，我听说圣人的心有七个孔，我现在就看看是不是真的。"他命人剖开比干的胸膛，挖出他的心来看。

纣王的另一个叔叔箕子见此情形，非常害怕，就假装疯子给人家当奴隶以保命。纣王知道后便将箕子囚禁起来。

纣王的太师、少师担心被害，便带着祭器和乐器逃到周武王那里去了。

周武王见时机已到，就对归顺自己的诸侯宣告："纣王犯下大罪，让我们合力去讨伐他。"

◉ 纣王自焚而死

周武王率领三百辆战车、三千名虎贲军、四万五千名甲士，向东进发讨伐纣王。周军渡过盟津后，诸侯都带着各自的军队前来会师。他们面对的是纣王七十万大军。

周武王鼓励众人："我们现在是替天行道！举起你们的戈，排好你们的盾，竖起你们的矛，一举歼灭敌人！"

武王及诸侯的军队在牧野列阵完毕，武王先让吕尚率领一百名虎贲军作为先锋，再命大军向纣王的军队发起冲锋。

纣王的军队虽然人多，但都无心作战，只盼着周武王的军队赶快攻过来，早早地结束这场战争。所以，周军一发起攻击，纣王的军队都掉转武器帮助武王攻打纣王。

纣王见此，慌忙逃入城中，登上鹿台，把珠宝美玉都穿戴在身上，最后自焚而死。

就这样，武王灭了商朝，建立了周朝。

历史启示录

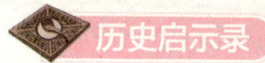

武王继承父志，重用太公吕尚、周公旦、召公奭等人治理国家，周国日益强盛，最后联合反殷商的部族，讨伐纣王。牧野之战，殷商大败，纣王自焚于鹿台，殷商灭亡。

周武王有着广阔的心胸和长远的眼光，同时有着果断的处事能力。这奠定了伐商的基础，但其实真正使殷商灭亡的，是纣王本人。

贾谊《过秦论》里论秦朝灭亡的一句话，同样能用在纣王身上："仁义不施，而攻守之势异也。"

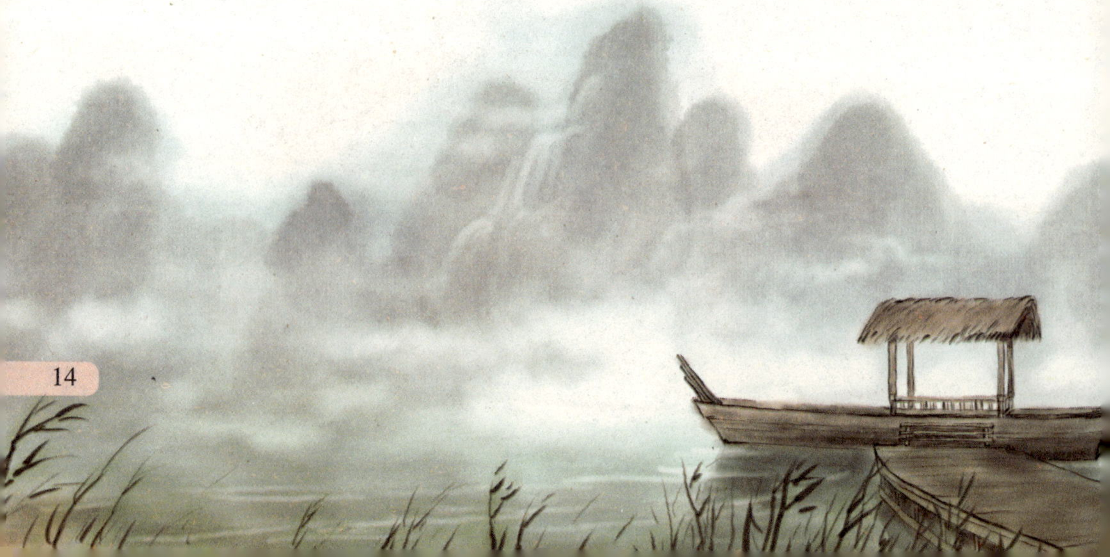

我要长生不老 | 秦始皇的故事 |

◉ "皇帝"的由来

　　秦王嬴政统一天下之后，认为自己统一六国，使天下不再有战争，让百姓不再受战乱之苦，有大功于四海，于是命令丞相、御史说："你们和其他大臣商量新的帝号，如果不更改名号，就无法显扬我的功业，传给后代。"

　　丞相王绾、御史大夫冯劫、廷尉李斯等人商议后，对秦王嬴政说："上古时代有天皇、地皇、泰皇，其中以泰皇最为尊贵。我们这些臣子建议称大王为'泰皇'，大王发布的教令称为'制书'，大王下的命令称为'诏书'，而大王您自己则自称为'朕'。"

　　秦王嬴政听后，不是很满意，他说："去掉'泰'字，把'皇'字和上古'帝'的位号合起来，称为'皇帝'，其他的就按你们商议的办。"

　　这之后，嬴政又下了一道命令："我听说以前人死后，人们会根据他生前品行事迹给个谥号。这样做，就是儿子议论父亲，臣子议论国君，会坏了长幼尊卑的秩序。从现在起，废除谥法。我就叫作始皇帝，后代的皇帝从我这里开始，称二世、三世直到万世。"

◉ 统一制度和求仙

秦始皇按照金、木、水、火、土五行相生相克的原理，认为周朝占有火德，而秦朝占有水德，秦朝取代周朝，就是水德克了火德，水主阴，所以秦始皇把法令制定得极为严苛，不讲仁爱情义。

秦始皇还根据水德的属性，将每年的十月初一定为群臣朝见拜贺的日子，臣民的衣服、朝廷的符节和旗帜的装饰，都崇尚黑色。他还把数目以十为终极改成以六为终极，朝廷符节和御史所戴的法冠因此都规定为六寸，同时规定车宽为六尺，六尺为一步，一辆车驾六匹马。

为了便于统治，秦始皇采纳廷尉李斯的建议，把天下分为三十六郡，每郡都设置守、尉、监，把百姓的称谓改为"黔首"。

他命人将天下的兵器都收集到咸阳，熔化之后铸成十二个铜人，每个铜人重达十二万斤，放置在宫中。

他统一了全国的法令和度量衡标准，让全国使用同一种文字。

在统一天下，成为皇帝的第二年，秦始皇开始了他第一次对全国的巡视。为了方便出行，他下令修筑从咸阳通向全国各地的驰道。

一年后，秦始皇东巡，分别在泰山和琅琊山立下石碑，镌刻碑文。碑文的内容，无不是歌颂秦朝以及秦始皇的功德。

这时候，齐地一个叫徐福的人向秦始皇上书，说大海之中有蓬莱、方丈、瀛洲三座神山，有仙人在山上居住。徐福希望能斋戒沐浴，带领童男童女前往求仙。秦始皇同意了，让徐福带数千名童男童女，到海中去求仙。

⦿ 一场导致"焚书"的争论

秦始皇在咸阳宫摆酒设宴，与众大臣把酒言欢，没过多久，欢快的酒宴却被一场激烈的争论取代。

仆射周青臣上前颂扬秦始皇的伟业，他说："现在天下太平，人人安居乐业，这都全仰仗陛下圣明，从此以后，再也不用担心会发生战争，陛下的功业必将流传万世，无人能及。"

秦始皇听了很高兴。

博士淳于越反对道："古来圣明的帝王都会分封子弟和功臣，以稳固江山。现在陛下拥有天下，子弟却沦落为平民百姓，如果有谁出来造反，没有子弟功臣辅佐，靠什么来拯救天下呢？做事情不效法古人而能成功的，我从来没有听说过。"

秦始皇没有当场表态，而是把两人的建议交给大臣们讨论。

丞相李斯认为，每个朝代有每个朝代的制度，不一定要效仿前代的做法。那些说凡事都要模仿古代的人，都是不懂得向现实学习的愚蠢读书人。这些读书人喜欢用古代的制度来指责现行的制度，这样下去会惑乱民心，于是他向秦始皇建议："我请求把秦国之外的典籍全部焚毁，除了博士官署所掌管收藏的，天下敢有收藏《诗》《书》和诸子百家著作的，全都送到郡守、郡尉那里焚毁；有敢相互谈议《诗》《书》的处以死刑，借古非今的要满门抄斩；官吏如果知道而不举报的，以同罪论处；命令下达三十天仍不烧书的，就在脸上刺字，处以四年城旦之刑，发配边疆，白天防寇，夜晚筑城；那些医药、占卜、种植之类的书，可以不烧毁；如果有人想要学习法令，可以到官吏那里学习。"

秦始皇觉得李斯说得很对，于是下诏施行。

◉ 始皇射大鲛鱼

秦始皇第五次东巡，去了云梦、九嶷山，然后浮江而下，到达钱塘，看了波涛凶险的江水，这之后登上会稽山祭祀大禹；返回时经过吴县，沿着海边北上，到达了琅琊。

这时徐福来拜见秦始皇。徐福几年前带数千名童男童女，到海中去求仙，寻找神药，耗费了很多钱财，却没有找到。徐福害怕受到秦始皇的惩罚，就欺骗秦始皇说："蓬莱的神药其实是可以得到的，只是海里经常有大鲛鱼来袭击，所以不能到达仙山，希望陛下能派一些擅长射箭的人和我们一起去。大鲛鱼如果出现，就用连弩射死它。"

当天晚上，秦始皇做了一个梦，他梦见自己与海神交战，海神长得就像人一样。第二天醒来后，秦始皇询问占梦的博士，博士说："平常是看不到海神的，现在陛下祷告和祭祀时都很虔诚，没想到却出现了这个恶神，陛下您应当把它铲除，这样善良的神物就会到来保佑陛下。"

秦始皇这时想起徐福昨日说的那番话，于是下令出海的人携带捕获大鱼的大型渔具，他自己则使用连弩，准备等大鲛鱼出现时射杀它。从琅琊往北到达荣成山，一路上都没有见到大鲛鱼，到了之罘，才发现了大鲛鱼，秦始皇使用连弩将其射死。

⊙ 一车鲍鱼掩盖尸体的臭味

除了徐福，还有侯生、卢生两个术士为秦始皇求仙问药。天下哪里有什么长生不老之药，侯生、卢生两人认为，秦始皇为人刚愎暴戾，自己没有完成他交给的任务，一定会被处以死刑，为了保命，两人逃走了。

秦始皇听说侯生、卢生逃走的消息后，一气之下，将诽谤批评自己的四百六十多名方士全部活埋。秦始皇的长子扶苏劝告他说："天下平定不久，远方百姓还没有完全顺服，现在的读书人都效法孔子，陛下却用严厉的刑罚来治他们，我担心人心动荡，天下不安。希望陛下明察。"

秦始皇很生气，让扶苏到北方蒙恬的军队做监军。

秦始皇射杀了一条大鲛鱼后，认为上天会保佑自己，但东巡到平原津时，竟然病倒了。

秦始皇生平最厌恶"死"字，群臣没有一个人敢在他面前提到死的事情。没多久秦始皇就病死了，临死前，他写了一封盖有皇帝玺印的诏书留给公子扶苏，说："回来参加我的丧礼，将我埋葬在咸阳。"

秦始皇的意思是让扶苏继位，但中车府令赵高为了一己权欲，同公子胡亥、丞相李斯搞阴谋诡计，截下了秦始皇的诏书，改成立胡亥为太子，同时又另写了一份诏书送给公子扶苏和蒙恬，命令他们自杀。

为了避免引起天下的骚乱，丞相李斯封锁了秦始皇死去的消息，把遗体装在车中，由原来亲近的宦官陪乘，一路上照旧派人送上饭食。百官和过去一样上奏国事，赵高就在车中批准他们所奏之事。

胡亥一行人从井陉到了九原，这时正赶上暑天，秦始皇的尸体散发出臭味，他们就命人每车装载一石鲍鱼，用来混淆秦始皇尸体的臭味。

胡亥等人安全地回到咸阳后，这才宣布了秦始皇的死讯。之后胡亥继位，为秦二世。九月，秦始皇安葬在骊山。一代帝王就此落幕。

历史启示录

秦始皇在常人的印象中，是一代暴君的代表，但站在历史的宏观角度来看，却未必是这样。

秦始皇统一天下、统一文字、统一车轮距离、统一度量衡；北击匈奴，南征百越，修筑长城；修筑灵渠，沟通长江和珠江水系，使多民族的华夏大地有了融合的可能，为今天统一的、多民族的中国奠定了坚实的基础。

他是旧时代的终结者，也是新时代的开创者，不愧为"千古一帝"。

从农民到皇帝 ┃刘邦称帝的故事┃

◉ "龙子"的传奇

汉朝的开国皇帝刘邦是沛县丰邑中阳里（今属江苏丰县）人。刘邦还没有出生时，他的母亲曾经在沼泽边休息，然后梦见了天神。这时电闪雷鸣，天色昏暗，刘邦的父亲去找她，看见妻子的身上趴着一条龙。没多久她就怀了孕，很快就生下了刘邦。

刘邦的鼻梁很高，额头凸起，鬓角和胡须很漂亮，左腿上有七十二颗黑痣。他乐善好施，性情豁达，胸怀远大抱负，到了壮年，刘邦做了泗水的亭长，除了经常戏弄亭中的小吏，他还喜好喝酒和美色，一有空就去酒肆赊酒喝，喝醉了倒下就睡。

酒肆主人总是看到有龙在刘邦的背上盘旋，更奇怪的是，刘邦每次来酒肆喝酒，店里的生意就会比平日好上几倍，因此每到年底，酒肆主人就会主动将刘邦的欠据烧掉，免除他的债务。

单父（地名）人吕公与沛县县令关系很好，吕公为了躲避仇人，搬到沛县安了家。

沛县的豪杰和官吏们听说县令家来了贵客，都纷纷登门祝贺。县令命主吏萧何掌管收礼事宜，他对宾客们说："送礼不满千钱的，请到堂下去坐。"

刘邦一向看不起这帮官吏，于是在名帖上写了"贺钱一万"，其实他一个钱也没有。吕公见了名帖非常吃惊，赶快起身，到门口去迎接刘邦。

吕公喜欢给人相面，一见刘邦的相貌，就觉得这个人不一般，因此非常敬重他，把他领到堂上就座。

萧何说："刘邦这人一向喜欢说大话，干不成什么事。"

吕公并不在意。

酒宴快要结束时，吕公向刘邦使眼色，让他留下来。

宾客们散去后，吕公对刘邦说："我从年轻的时候就喜欢给人看相，也给很多人看过相，没有一个能比得上你，希望你好好珍爱自己。我愿意把我的亲生女儿许配给你。"

吕公的妻子知道这件事后，大为恼火，对吕公说："你总想着把女儿许配给个贵人。沛县县令跟你要好，上门求亲想娶女儿你都不同意，今天为什么就把她随随便便嫁给这么一个小亭长呢？"

吕公只说了一句："这不是你们女人家能明白的。"

吕公把女儿嫁给了刘邦，这个女儿叫吕雉，她就是后来的汉朝第一位皇后吕后。

吕雉生了儿子刘盈和女儿刘乐。有一次，吕雉带着两个孩子在田里劳作，有个老人路过，向她要水喝，吕雉就请他吃了饭。

老人善于相面，他对吕雉说："夫人是天下的贵人。"

吕雉让他给自己的两个孩子看相。老人先给刘盈相面，说："夫人之所以是天下的贵人，全因为这个孩子。"老人又给刘乐相面，结果也是贵人之相。

老人走后没多久，刘邦请假回家，他来到自家的田间，吕雉把刚才老人相面的事告诉了他。

刘邦问老人去了哪里，吕雉回答："应该还没走多远。"

刘邦追上了老人，请他给自己相面。老人说："刚才相过夫人和孩子，他们都跟你一样，你的相貌贵不可言啊。"

刘邦向老人道谢，说："如果真像您说的那样，那么我绝不会忘记您的恩德。"

◉ 夜醉斩白蛇

刘邦身为亭长，有一次为县里送役徒去骊山服劳役，途中逃掉了很多人。刘邦估计照这么下去，没等到骊山，人都逃光了。于是刘邦请剩下的人一起喝酒，然后把这些人全都放了，自己也打算逃离家乡。役徒中有十多个年轻力壮的人见此，表示愿意追随刘邦。

到了深夜，刘邦带着一身酒气，领着这十几个人沿着小路前行。

在前面探路的人回来报告说："前面有条大蛇挡住了我们的去路，我们还是往回走吧。"

刘邦说："一条蛇有什么好怕的？"

说完，刘邦走上前去，拔剑把那条蛇斩为两段，一行人继续往前走。走了几里地，刘邦躺到地上呼呼睡起大觉。

队伍最后面的几个人来到刘邦斩蛇的地方，看到一个老妇人在哭泣，便问她为什么哭，老妇人说："我的儿子被人杀了，所以我哭。"

他们又问："你的儿子为什么被杀了？"

老妇人说："我儿子是白帝的儿子，变成蛇挡在路中间，现在被赤帝的儿子杀了。"

这些人以为这个老妇人是在拿他们寻开心，想要给她点苦头吃，但转眼老妇人就不见了。

这几个人赶到刘邦睡觉的地方时，刘邦已经醒了。他们把刚才发生的事告诉了刘邦，刘邦听后心中非常高兴，觉得自己与众不同。那些跟随他的人因为这件事，对他日益敬畏。

秦始皇因为觉得东南方有天子气，因而巡游东方，想以此镇压这股天子气。

刘邦怀疑这件事与自己有关，害怕招来祸患，就跑到芒砀山一带躲藏起来。吕雉带人去找他，每次都能找到。

刘邦感到奇怪，就问吕雉这是怎么回事，吕雉说："你所处的地方，上面有云气，我们跟着云气就能找到你。"

刘邦听了非常高兴，许多沛县人听到这件事，都想去归附他。

◉ 众人推举做沛公

秦二世元年（公元前 209 年）陈胜等人在蕲县大泽乡起义，各地都有人杀死当地郡县的官员，响应陈胜起义。

沛县县令迫于形势，打算响应陈胜反秦，主吏萧何、狱掾曹参对他说："您身为秦朝的官吏，如今想要率领沛县子弟造反，恐怕他们不会听从您的命令。您不如召集逃亡在外的人，利用这几百人胁迫大家，也许他们会听您的命令。"

县令于是派樊哙去找逃亡在外的刘邦，此时，刘邦已经聚起一支近百人的队伍。

樊哙带来刘邦回来，沛县县令却变了主意，命人关闭城门，不让刘邦进城，还打算杀掉萧何和曹参。两人只好翻过城墙去投靠刘邦。

刘邦用帛写了一封信，系在箭上射到城里，号召沛县百姓杀死沛县县令，起义反秦。于是，沛县百姓杀了县令，打开城门，迎接刘邦，想让他做沛县的县令。

刘邦认为自己才劣力薄，不能保全众人，要沛县百姓另外推选一位领导人。

萧何、曹参等人担心这起义要是万一失败，秦朝会诛灭他们的全族，所以不敢出头，都推举刘邦来当领头人。

沛县的百姓平时听过许多关于刘邦的奇事，而且经过占卜，认为让刘邦领头会有很好的结果，因此纷纷表示同意。

于是，众人拥立刘邦为沛公，然后在沛县衙门的庭院里祭祀黄帝和蚩尤，旗帜一律用红色，因为刘邦在芒砀山上杀的蛇是白帝的儿子，而杀蛇的是赤帝的儿子，所以崇尚红色。沛县有势的官吏，如萧何、曹参、樊哙等人，都为沛公刘邦征集士卒，一共征集了两三千人。

这个时候，天下起义称雄的，除了刘邦，还有项梁、项羽叔侄，那些被秦朝灭亡的六国的后裔，也趁机复国自立为王。

在众多反秦势力中，刘邦的实力较弱，打了几仗，都没有大的进展，于是他带了一百多个骑兵去投靠项梁。项梁给了他五千士卒和十位将领。

秦朝灭亡后，项羽自立为西楚霸王，而刘邦则被封为汉王。

刘邦一向有远大的志向，不肯屈居项羽之下，于是采用韩信的计策，发兵东进，开始了与项羽的五年之战。项羽刚愎自用，猜疑亚父范增，最终为刘邦所败，自刎于乌江。

◉ 刘邦的用人之道

天下安定后，追随刘邦的各路诸侯和将领一起拥立刘邦为皇帝。

刘邦说："皇帝的尊号属于有德的人，我这个人空有其名，做不了皇帝。"

众人都说："大王除暴秦、讨叛逆、平定四海，对天下有莫大的功劳。大王不做皇帝，谁能做皇帝？"

刘邦说："既然大家认为这样做有利于天下，那我只好做皇帝了。"

最后，刘邦在汜水北面即皇帝位，定都洛阳。

刘邦的实力不如项羽，却最终赢得楚汉之争的胜利，很大一部分原因在于他的用人之道。

阳武县人陈平是项羽的属下。刘邦向东进军后，殷王司马卬背叛楚国，项羽于是封陈平为信武君，让他率军去攻打司马卬，陈平大胜而归。

没多久，刘邦攻下殷国，项羽很生气，准备杀掉前次平定殷国的将领。陈平害怕被杀，便抄小路跑到修武投靠了刘邦。

当天，刘邦就任命陈平为都尉，授予他监护三军的权力。汉军将领们知道这件事后，大为不满，说："大王刚得到一个从楚国逃来的小兵，还不知道他有多大的本事，就跟他同乘一辆车子，还让他监督我们这些追随大王多年的老将！"

刘邦听到这些议论，反而更加宠幸陈平。

周勃、灌婴等人嫉妒陈平，都在刘邦面前诋毁陈平，说："陈平只不过长得好看罢了，根本没有真本事。我们听说陈平在家时，曾和嫂嫂私通；后来投靠项羽，因为不和，才逃到大王这里。大王器重他，让他做高官，可是他不懂得报答大王，私下里接受将领们的贿赂，钱给得多，就给予好处，钱给得少的，就让人不痛快。这种人品行不端，希望大王不要信任他。"

刘邦于是召来陈平细问。

陈平回答道："我听说大王善于使用人才，所以才离开项羽来归附大王。我空身而来，没有一点钱，要是不接受别人的钱财，就没有办事的费用。如果我的计谋值得采纳，希望大王采用；如果不值得采纳，请允许我将这些钱财封好送回，并请求大王允许我辞职回家。"

　　陈平的坦率让刘邦很欣赏，于是他向陈平道歉，并提升陈平为护军中尉。

后来陈平为刘邦施行反间计，离间了项羽手下几个重要的将领以及项羽尊为亚父的范增，项羽由此渐渐衰败下去。

陈平一共为刘邦献过六次奇计，成为西汉安邦定国的著名谋臣。

除了陈平，来自项羽阵营而刘邦给予重用的人，还有韩信。

韩信曾在项羽手下做郎中。他好几次向项羽献计，都没有被采纳。之后韩信脱离项羽投奔了刘邦。刘邦看不出韩信有什么不凡之处，派他做了管理粮饷的治粟都尉。

韩信后来认识了萧何，经常和他谈论天下大事，萧何认为他是个奇才。

刘邦的部下大多来自中原，秦朝灭亡后都想回故乡去，因此刘邦率领汉军前往巴蜀的途中，光将领就跑掉了十几个。韩信想着萧何应该在刘邦面前推荐过他了，可一直不见刘邦重用自己，于是也跑了。

萧何听说韩信跑了，来不及跟刘邦说一声，就骑上马追了出去。

有个不明底细的人报告刘邦说："萧何跑了。"

刘邦知道后大发脾气。

过了两天，萧何把韩信追了回来。刘邦见到萧何，骂道："你为什么要逃跑？"

萧何答道："我没跑，我是去追逃跑的人。"

"你去追谁？"

"韩信。"

刘邦一听又骂道："军中将领跑了十几个，你没有追，却要去追韩信，这是在骗我。"

萧何说："跑掉的那些将领哪里都能得到，像韩信这样的人才，普天之下也找不出第二个。大王如果只想安稳地做个汉王，自然是用不上他；如果您想与项羽争夺天下，那么除了韩信，就没有可以商量大计的人。"

刘邦说："我也不想一直困在这里，既然这样，看在你的面子上，给他个将领做吧。"

萧何说："只做个将领，韩信一定不会留下来。"

刘邦想了想，说："那让他做大将军吧。"

于是在萧何的建议下，刘邦专门挑了个好日子，自己事先斋戒，搭起一座高坛，以隆重的仪式，拜韩信为汉军的大将军。

韩信此后为刘邦制定了夺取天下的基本策略，并最终消灭了项羽。

汉朝建立不久，有一次，刘邦在洛阳的宫殿摆设酒席，与文臣武将们喝酒。席间，刘邦说："你们都说说心里话，我为什么能够得到天下，项羽为什么会失去天下？"

高起和王陵回答说："陛下很傲慢，常常侮辱人，项羽却很仁慈，懂得爱护人。然而陛下每次派人攻城略地，就会把那个地方封给他，与天下人一起分享利益。项羽却不是这样，他妒忌有功有才的人，从来不论功行赏，这就是他失去天下的原因。"

刘邦说："你们只知其一，不知其二啊。论帷帐中运筹划策，我不如张良。论镇守国家，安抚百姓，供给军粮，畅通粮道，我不如萧何。论指挥作战，我不如韩信。这三个人，都是人中俊杰，而我能重用他们，这是我取得天下的原因。项羽只有一个谋士范增，却不懂得重用，这是他失败的原因。"

结果没过几年，韩信被人告发谋反而被杀。

◉ 最后的遗言

刘邦原本将汉王朝的国都建在洛阳，后来在刘敬的建议下，迁都长安。

未央宫建成后，刘邦在宫中大会群臣。为了显耀自己的成就，刘邦手捧玉杯，起身给自己的父亲，也就是太上皇祝酒，说："当初父亲认为我是个无用的人，不能料理产业，不如哥哥勤劳。如今我所成就的事业与哥哥相比，父亲认为谁的多呢？"

没等他的父亲回答，大臣们就向刘邦高呼万岁，大笑作乐。

汉十一年（公元前196年）七月，淮南王黥布发动叛乱。第二年十月，刘邦打败黥布的军队，凯旋途中路过故乡沛县，便停留下来。

刘邦在行宫摆设酒宴，把过去的朋友和父老子弟全部召来纵情畅饮。他还特意挑选出一百二十个沛县的孩童，教他们唱歌。

酒喝到畅快的时候，刘邦击着筑，自己作了一首歌唱起来，让那群孩童跟着唱："大风起兮云飞扬，威加海内兮归故乡，安得猛士兮守四方！"

唱完后，刘邦又跳起舞，想起平定天下过程中的种种遭遇，感慨伤怀，不禁落泪。

他对沛县的百姓们说："我从成为沛公开始，诛暴讨逆，终于取得了天下。我要用沛县作为我的汤沐邑，免除沛县百姓的徭役，世世代代不用服徭役。"

过了十几天，刘邦想要返回长安，沛县百姓执意挽留，要刘邦多住些时日。

刘邦说："我的随从人员太多了，你们供养不起啊。"

于是刘邦动身走了。沛县百姓倾城而出，牵着牛拿着酒来送行。刘邦又停留下来，搭起帐篷，宴饮了三天。

刘邦攻打黥布时，被箭射中，回来的途中得了病，回到长安后，病情越发严重。吕后请来医术高明的医生，刘邦问医生自己的病能不能治好，医生说："病可以治好。"

刘邦认为这是天命，就算是扁鹊来了也没有用处。刘邦不让医生治病，赏赐了五十斤黄金给他，叫他离去。

吕后问刘邦："陛下百年以后，萧相国如果死了，谁来接替他？"

刘邦说："曹参可以接任。"

吕后又问："曹参之后谁可以接任？"

刘邦说："王陵可以接任，让陈平辅佐他。不过陈平聪明有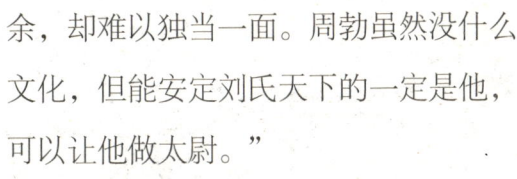余，却难以独当一面。周勃虽然没什么文化，但能安定刘氏天下的一定是他，可以让他做太尉。"

吕后又问这些人死后谁能接任，刘邦说："这之后的事我就不知道了。"

这一年的四月甲辰，刘邦驾崩于长安的长乐宫。

历史启示录

　　刘邦是我国历史上第一个以农民身份奋斗成皇帝的人，因此，刘邦身上便很自然地拥有两种性情。

　　一方面，刘邦痞子气十足，虚伪狡诈。他年轻时混迹乡里，不下地干活，只会说大话，也贪财好色，脸皮厚。另一方面，刘邦有种豁出去的心态，行事果敢，从来不拖泥带水。他懂得在关键时刻忍辱负重，在大是大非上，很有判断力。刘邦最大的优点，就是"知人善用"，自古成事的人，能做到这点，大业就成功了一半。

大有作为的一生 | 汉武帝的故事 |

◉ 太皇太后去世，汉武帝亲政

刘彻是汉景帝的第十个儿子，他的母亲是王太后。景帝四年（公元前153年），他以皇子身份做了胶东王。过了三年，太子刘荣被废，改封为临江王，刘彻被立为太子。景帝驾崩后，太子继位，这就是汉武帝。

汉武帝登基时，距离汉朝建立已经过去了六十多年，天下安定，而各类典章制度还在沿用秦朝的，因此大臣们都希望武帝举行祭祀泰山和梁父山的封禅大典，重新制定各种制度。武帝本人也崇尚儒家学说，于是下令通过举荐贤良方正的方式招纳天下贤士。

所谓贤良方正，就是让各地推举德才兼备的人做朝廷的官员。赵绾、王臧等人靠文章博学而做官，受到武帝重用，做到了三公九卿的高位。

他们建议武帝按照古制，在城南建立明堂，作为朝会诸侯、发布政令、秋季祭天、合祭祖宗的地方。他们还草拟了天子出巡、封禅和改换历法服色制度的计划。

这个时候，太皇太后窦氏推崇信奉黄帝、老子的学说，不喜欢儒术，听到赵绾、王臧等人搞的新政，非常生气，于是派人暗中察访赵绾等人所做的非法的事情，传讯审查赵绾、王臧，两人因而自杀，他们所建议兴办的那些事情也就废止了。

建元六年（公元前135年）五月，太皇太后窦氏去世，汉武帝这才真正掌握了帝王的权力。

◉ 武帝的求仙之心

两年后，武帝第一次来到雍县，在祭祀五位天帝的五時举行郊祀仪式。以后经常是每隔三年来这里郊祀一次。也就是在这一次的郊祀中，武帝求得了一位神君，供奉在上林苑中的蹄氏观。

神君本来是长陵的一个女子，因为儿子夭折，悲痛而死，显灵于她的妯娌宛若身上。宛若在家里供奉她，当地的百姓可怜她，也都去祭祀。

这原是民间的一种祭奠，到了战国，赵国公子平原君前去祭祀，她的后代子孙因此就有了名声，后来变得越来越显赫。武帝则用隆重的礼仪将她安置在宫里供奉。说来也神奇，人们虽然能听见神君的说话声，却见不到她本人。

武帝因为神君而对神仙道术之说产生了浓厚的兴趣，同时他也希望自己能长生不老。

有一个叫李少君的人，因为懂得祭祀灶神求福、长生不老的方术而得到汉武帝的宠信。他没觐见武帝之前，靠着方术遍游诸侯各国。他没有妻子儿女，自称能呼风唤雨、驭神驱鬼，懂得长生不老之术。达官显贵们听说他很有本事，就不断赠送财物给他，因此他有用不完的金钱、衣服和食物。普通百姓看到他没有产业，也不种地，却很富有，又不知道他的来历，所以对他越发相信，争着去为他效力。

他倒也不是装神弄鬼，还真有那么一些本事。

有一次，他到武安侯家中做客，在座的有一位九十多岁的老人，他就跟这位老人谈起从前跟老人的祖父一起游玩打猎的地方。这位老人小时候经常跟着祖父去打猎，现在还能记得那些地方，满座宾客听说后都非常惊讶。

又有一次，李少君拜见武帝，武帝拿出一件古代的铜器问他是什么年代。他回答说："这件铜器，是齐桓公陈列在柏寝台的。"

武帝命人查验铜器上的铭文，的确是齐桓公时的器物。整个宫中都大为吃惊，大家都在议论：既然认识齐桓公时代的器物，那么李少君至少也有几百岁了。

李少君知道武帝想长生不老，就对武帝说道："祭祀灶神就能招来鬼神，招来鬼神后，朱砂就可以炼成黄金，黄金炼成了用它打造饮食器具，使用这些器具后，陛下您就可以延年益寿。寿命长了就可以见到东海里的蓬莱岛仙人，见到仙人后再举行封禅典礼就能长生不老了。"

武帝听后，就按照他所说的那样去做了。

过了很多年，李少君死了。武帝却认为他是化身成仙，并不是真的死去。这之后，燕、齐沿海一带的方士仿效李少君，纷纷来到武帝面前谈论神仙之类的事情。

◉ 为长生不老接连被骗

武帝有一个宠爱的王夫人去世，武帝非常哀伤。齐地有个叫少翁的方士觐见武帝，用方术在夜里使王夫人的形貌出现在帷幕前，武帝看到了日思夜想的王夫人，很高兴，于是就封少翁为文成将军。

少翁对武帝说："陛下如果想要跟神仙来往，就要把宫室、被服、车驾等物装饰的像神仙所用的那样，否则神仙是不会来见陛下的。"

武帝于是下令制造了画有各种云气的车子，按照五行相克的原则，在不同的日子里分别驾着不同颜色的车子以驱赶恶鬼。同时又扩建甘泉宫，在宫中建起高台宫室，室内画着天、地和泰一等神，而且摆上祭祀用具，想借此招来神仙。

过去了一年多时间，神仙总也不来，武帝开始怀疑少翁。少翁就在一块布上写了一些字，让牛吞到肚里，自己假装不知道，然后对武帝说这头牛的肚子里有古怪。武帝命人把牛杀了，发现牛肚子里有块布，布上写着字，内容很奇怪。

武帝怀疑这件事是少翁糊弄自己的把戏。他听说有人认得少翁的笔迹，拿去一问，果然是少翁假造的，于是武帝杀了少翁。

少翁虽然死了，但武帝访求神仙，想要长生不老的心没有死。这之后，他又建造了承露的铜手掌，据说用铜手掌接的露水和上玉石粉末，经常饮用可以长生不老。

少翁死后的第二年，武帝突然得了重病，御医们用了很多办法，武帝的身体却不见好转。有个大臣说："上郡有个巫师，他生病时鬼神能附在他的身上。"

武帝把巫师召来，供奉在甘泉宫。等到巫师有病的时候，就派人去问附在巫师身上的神君。神君说道："陛下的病很快就会好的，不用担心。您现在可以来跟我见面。"

武帝强撑着病体来见神君，没一会儿，病果然完全好了。武帝很高兴，下令大赦天下，把神君安置在寿宫。

栾大曾经跟少翁拜同一个老师学习方术，后来做了胶东王掌管配制药品的尚方令，乐成侯丁义将他推荐给汉武帝。

武帝杀死少翁后，时常后悔，等到见了栾大，武帝非常高兴，委以重任，封他为五利将军，没多久又拜为天士将军、地士将军、大通将军、天道将军，后又封其为乐通侯，一时名动天下。武帝后来又把卫长公主嫁给他，赐给他万金。

栾大这个人虽然长相俊美，能说会道，实际上跟少翁一样，只会一些骗人的把戏。时间一长，武帝就发觉栾大的方术大多不灵验，愤怒的武帝将栾大腰斩，栾大的推荐人乐成侯丁义也因此获罪。

武帝虽然因为求仙问药之事多次被骗，依旧没有死心。在齐地祭祀天主、地主、兵主、阴主、阳主、月主、日主和四时主这八神时，当地有许多方士向武帝献上数以万计的关于神灵仙药的方术，没有一个灵验。不过武帝还是增派船只，命令那些方士去访求蓬莱仙人。

◉ 武帝的大作为

汉武帝一生痴迷于祭神求仙，但也没有因此而荒废政事。

汉武帝刚刚继位时，一方面国内形势较为稳定，另一方面各地诸侯的分裂倾向依然存在，同时，匈奴袭扰不断，边境百姓的生活得不到安宁，国家的负担也很沉重。

为此，武帝在经济上采纳桑弘羊的主张，对商人、手工业者、高利贷者以及他们使用的车辆征收重税，还设置均输官对全国货物的征收、买卖和运输进行统一管理。在长安和主要城市设立平准官，利用均输官所存货物，根据当时的物价，价贵时抛售，价贱时收购。

汉武帝实行均输和平准的办法，平抑了市场物价，打击了富商大贾囤积居奇、垄断市场的行为，维护了社会的安定。此外，武帝还下令对盐和铁以及酒实行国家专卖制度。

汉武帝还先后进行了六次币制改革，基本解决了汉朝建立以来一直没能解决的币制问题。

以上这些措施大幅度增加了国家的财政收入，为武帝反击匈奴奠定了雄厚的物质基础。

在军事上，武帝任用卫青、霍去病为大将，三次大规模出击匈奴，逼匈奴王庭远迁漠北，就此基本解决了自西汉初期以来匈奴对中原的威胁，为后来把西域并入中国版图奠定了基础。张骞出使西域，丝绸之路由此而始。

为加强朝廷的权威和天子的权力，武帝接受主父偃的建议，颁布推恩令，也就是诸侯王的王位除了由嫡长子继承，还可以把封国内的土地封给其他的儿子。这样一来，每个新封的侯国各自独立，看似有权有势，实际上把诸侯国分隔得七零八碎。诸侯国的实力越来越弱，势力越来越小，就不会对中央构成威胁。

随着皇权的不断加强，中枢权力体系的组成也发生了变化。

在汉武帝之前，丞相大多由功臣宿将出任，在朝廷上影响力极大，跟皇权时有冲突。汉武帝大力削弱丞相权力，提拔一些出身低微，具有才干的儒生和近臣，组成决策班子，称为"中朝"或"内朝"。

中朝官员随侍皇帝左右，享有较大的出入宫禁的自由，外朝官员则没有这项特权。

汉武帝为了加强皇权，还做了一件事。元封五年（公元前

106 年），武帝将全国分成十三个部，每部设置一名刺史，汉武帝用设置刺史的方式对地方的豪强、官吏进行监督。

◉ 平定南越

汉武帝时期，汉朝国力日益强盛，除大破匈奴，武帝还平定了南越，消灭了卫氏朝鲜。

南越国丞相吕嘉辅佐过三位国王，吕氏宗族与王室联姻通婚，很得南越人的心，在这方面甚至超过了南越王。

南越王年纪还小，太后害怕发生动乱，于是打算依照汉武帝的诏令，归属汉朝，还通过使者上书武帝，请求比照内地诸侯，三年朝见天子一次。

南越一旦归汉，南越国实权掌握者吕嘉和吕氏的地位就难以保全。因此，吕嘉多次反对归汉，南越王没有听从，于是吕嘉就同他弟弟率兵杀害了南越王、太后和汉朝的使者。

汉武帝知道这件事后，于元鼎五年（公元前 112 年）秋天，任命卫尉路博德为伏波将军，主爵都尉杨仆为楼船将军，与归降汉朝被封侯的两个南越将军以及巴蜀的军队，兵分五路攻打南越。

汉军一路攻城略地，直打到南越国都番禺。吕嘉见大势已去，乘船出逃，最后被擒获。

由赵佗创立的南越国历经九十三年，经五代南越王之后，归属汉朝。

◉ 消灭卫氏朝鲜

汉朝建立初期，有个名叫卫满的燕国人率领一千多名部属，来到朝鲜半岛，控制当地百姓以及从燕国和齐国而来的逃亡者，在他们当中称王，最后建立了"卫氏朝鲜"，都城建在王险城。

汉惠帝和吕后的时代，卫满跟汉朝约定，做汉朝的外臣，不让蛮夷骚扰边境。到了卫满的孙子右渠统治的时候，大量招引汉人流民，以此来扩充卫氏政权的实力。随着卫氏势力越来越雄厚，右渠不但自己不再遵守当年祖父与汉朝的约定，而且还阻碍周边小国与汉朝通商朝贡。

元封二年（公元前109年），汉武帝派涉何为汉使前往朝鲜，劝右渠改变对汉朝的不友好政策，右渠没有接受汉朝的诏命。

涉何在回国途中，因为对这次出使没有收获而气恼，于是将护送他出境的朝鲜裨王长杀死。回到长安后，涉何将情况报告给汉武帝。武帝不仅没有责怪他，还任命他为辽东郡东部都尉。右渠对涉何怀恨在心，发兵偷袭辽东，杀死了涉何。

武帝得知后大怒，于这一年的秋天，派楼船将军杨仆和左将军荀彘，分别由水、陆两路出发，去攻打右渠。一年后，右渠被主和的大臣杀死，卫氏朝鲜灭亡。汉武帝在那里设置了四个郡。

◉ 后宫佳丽

汉武帝一生有过很多女人，但立为皇后的只有两个，一个是陈氏，一个是卫子夫。

卫子夫原本是平阳公主家中的歌姬。武帝继位后，有一次在霸上参加完除灾求福的祷告后回长安，途中顺便去了平阳公主家。

公主让家中的歌姬伺候武帝，在众多的歌姬中，武帝唯独喜欢卫子夫，武帝很高兴，赐给平阳公主黄金千斤。公主趁机把卫子夫送入宫中。

卫子夫入宫一年多，没有再得到武帝的宠幸。

有一回，武帝命人把年迈体弱的宫人挑出来，让她们出宫回家。卫子夫因而得见武帝，她哭着请求武帝放她出宫。

武帝怜爱她，卫子夫因此再次受宠而怀孕。

武帝还是太子的时候，娶了长公主刘嫖的女儿陈氏做妃子，等他做了皇帝，陈氏就被立为皇后。武帝能够当上皇帝，长公主出力不小，因此，陈皇后骄横高傲。当她听说卫子夫受宠并怀孕时，想到自己这么多年却没能生个一儿半女，便嫉妒卫子夫，就施用邪术，想挽回武帝的心。武帝察觉到了这件事，于是就废了陈皇后，立卫子夫为皇后。

卫子夫共生了三个女儿一个儿子，儿子名叫据。在刘据七岁的时候，武帝立他为太子。

后来，武帝又喜欢上了王夫人，王夫人去世后，武帝便接着宠幸李夫人。

李夫人的哥哥李延年因精于音律而得宠，这时武帝正兴建天地庙，想找人创作歌词配合音乐来歌唱。李延年懂得迎合武帝的心意，配合乐曲唱了新作的歌词。他同武帝一起睡觉、一道起床，深受武帝的偏宠。

因为武帝的偏宠，李延年日渐骄纵。等到他妹妹李夫人去世，武帝对他的偏宠也衰减了，于是处死了李延年。

李夫人死后，武帝最宠幸钩弋夫人。

钩弋夫人得到武帝宠幸，生了一个儿子，名叫弗陵，这就是后来的昭帝。

◉ 杀母立子

征和二年（公元前91年），刘据被江充、韩说等人诬陷，卷入巫蛊之祸，因不能自明而起兵诛杀江充等人，被汉武帝误以为谋反，发兵镇压，最终兵败自杀。太子刘据死后，武帝没有马上再立新太子。

这时候，刘弗陵已经长到五岁，武帝看他身体好而且头脑聪明，很像自己小时候，所以就特别宠爱他，但这时武帝还没有立他做太子的想法。因为武帝除了刘弗陵和死去的太子，还有三个儿子：燕王刘旦、广陵王刘胥、昌邑王刘髆。

刘旦在得知太子的死讯后，认为自己年岁更长，便产生了觊觎太子之位的想法。他向武帝上书，说自己愿意到京城入宫担任警卫之职，以保护武帝的安全。

武帝知道他心里在打什么算盘，非常生气，下诏申斥并削去了他三个县的封地。

刘胥这个人喜欢玩乐，总做一些违法的事情，自然也不能继承皇位。

刘髆是汉武帝与宠妃李夫人所生，是贰师将军李广利的外甥。李广利和丞相刘屈氂是儿女亲家，两人一起暗地里策划立刘髆为太子。事情败露后，刘屈氂被腰斩，李广利投降匈奴。刘髆因此也就失去了做太子的机会。

后元二年（公元前 87 年），汉武帝觉得自己没剩多少日子了，有心立刘弗陵为太子，刘弗陵十分年幼而母亲还很年轻，武帝担心女主垂帘祸害国家，一时犹豫不决。

这天，武帝召画工画了一幅周公背负成王的画图，拿给大臣们看，大臣们因此知道武帝想要立小儿子为太子。过了几天，武帝斥责钩弋夫人无礼，钩弋夫人立刻摘下头上的饰物，叩头请罪。

武帝下令说："快把她拉走，送到掖庭狱！"

钩弋夫人回过头来看着武帝，武帝挥挥手说："快走吧，你说什么也活不成了！"

最后钩弋夫人死在云阳宫。她死的时候，暴风刮得尘土飞扬，百姓也都很悲伤。

事后，武帝问左右大臣："人们对钩弋夫人之死有什么看法？"

大臣们回答说："人们说就要立她的儿子做太子，为什么还要除掉他的母亲呢？"

武帝长叹一声说："是啊，这不是那些愚蠢的人能理解的。从古代到现在，国家发生内乱就是因为人主年小而母亲年壮。女主人独断骄横、淫荡放肆，没有人能阻止她。想想当年吕后的事就明白了。"

这年二月，汉武帝立刘弗陵为太子，第二天，汉武帝指定霍光、金日磾、上官桀、桑弘羊一同辅佐刘弗陵，这之后汉武帝驾崩于五柞宫，享年七十岁。

历史启示录

汉武帝的一生，是大有作为的一生。虽然与秦始皇一样，他也痴迷于祭神求仙，追求长生不老，但这丝毫不影响他创造伟业。

有人说，上下五千年，配得上"有为之君"这个称号的皇帝并不少，比如秦始皇、唐太宗，但能压汉武帝一头的只有秦始皇。秦始皇死后没几年，秦朝便灭亡，但汉武帝死后，汉朝又经历了昭宣中兴，这样一比较，汉武帝又胜秦始皇一筹。

崛起之路 ｜秦穆公的故事｜

◉ 五张羊皮赎回百里奚

秦德公生了三个儿子：长子嬴恬、次子嬴载、少子嬴任好。

德公在位两年去世，长子继位，史称宣公。宣公有九个儿子，却没有立其中任何一个为太子，而是让自己的弟弟嬴载继承自己的国君之位，这便是成公。秦成公在位四年去世，他跟宣公一样，虽然有七个儿子，但没有让任何一个儿子继位，而是立了弟弟嬴任好，也就是秦穆公。

秦穆公元年（公元前659年），穆公亲自率军征伐茅津，取得胜利。四年后，为了图强，秦穆公与当时的中原强国晋国联姻，向晋献公求婚，迎娶了晋献公的大女儿伯姬为妻，她也是晋太子申生的同母姐姐。

秦穆公二年，为了进攻虢国，晋献公将屈地出产的良马和垂棘出产的璧玉送给虞国国君，以求借道伐虢，虞国国君不仅答应了，还请求派兵为晋军充当先头部队。到了秦穆公五年（公元前655年），晋国再次向虞国借道进攻虢国，虞公应许晋国借路。

但这次晋国灭掉虢国班师回国时，顺道轻而易举地灭了虞国，并俘虏虞国国君和他的大夫百里奚。

俘获百里奚之后，晋献公把他作为伯姬出嫁时陪嫁的奴隶送到秦国。百里奚在去秦国的途中，逃到楚国边境宛地，被当地人捉住。

秦穆公听说百里奚有才能，想用高价赎买他，但又担心楚国因此知道了百里奚的价值而不给，就派人对楚王说："我家的陪嫁奴隶百里奚逃到贵国，请允许我用五张黑色公羊皮赎回他。"

楚王答应了，交出了百里奚。这时，百里奚已经七十多岁。秦穆公亲自为他打开囚锁，向他询问国家大事。

百里奚推辞说："我是亡国之臣，哪里值得您来询问？"

秦穆公说："虞国国君不重用您，所以才亡国了。这不是您的罪过。"

秦穆公与百里奚谈论国事整整三天，十分赏识他，授以国政，号称五羖大夫。

百里奚谦让说："我比不上我的朋友蹇叔，蹇叔有才能，可是世人没有人知道。我曾外出游学求官，被困在齐国，向当地的人讨饭吃，在我最困顿的时候，是蹇叔收留了我。我本来想事奉齐国国君公孙无知的，蹇叔阻止了我，我因此得以

躲过齐国的内乱，随后我就去了周。周王子颓喜爱牛，我凭着养牛的本领求取禄位。等颓想任用我时，蹇叔劝阻我，我因此才没有跟颓一起被杀。事奉虞国国君时，蹇叔也劝阻过我。我虽然知道虞君不会重用我，但实在是心里喜欢利禄和爵位，就暂时留下了。我两次听了蹇叔的话，都得以逃脱险境，一次没听，就遇上了这次因虞君亡国而遭擒的灾难，因此我知道蹇叔有才能。"

秦穆公听后，派人带着厚重的礼物去迎请蹇叔，让他当了秦国的上大夫。

⦿ 护送夷吾回国继位

秦穆公九年（公元前651年），晋献公去世。死前，晋献公废太子申生，立骊姬的儿子奚齐为太子，任命大夫荀息为相邦，主持国政，辅助奚齐继位。晋献公的臣子里克杀了奚齐。荀息于是立骊姬之妹少姬所生卓子为国君，里克又杀死了卓子和荀息。

这时，逃亡梁国的晋献公三子夷吾派人请秦穆公帮他回晋国。穆公答应了，派百里奚率军去护送夷吾。

夷吾对秦穆公说："我如果真能登位，愿意割让晋国河西的八座城给秦国。"

等到他回到晋国登上了君位，却派大夫丕郑去向秦国道歉，说自己违背了诺言，不肯给秦国河西八座城。他还杀了迎立自己的里克。晋国人认为夷吾言而无信，所以对他都不顺服。

丕郑曾与里克南征北战，两人都是太子申生一派，因此听说这件事后，非常害怕，就对秦穆公说："晋国人不想要夷吾为君，想立重耳为君。现在夷吾违背当初对秦国的承诺，还杀了里克，这都是吕甥、郤芮的主意。希望您用重利把吕甥、郤芮骗到秦国来，吕、郤两人要是来了，那么护送重耳回国就方便了。"

穆公答应了他，就派人跟丕郑一起回晋国，送厚礼收买吕甥、郤芮二人。吕、郤等人怀疑丕郑有诈谋，就报告夷吾，杀死了丕郑。

丕郑的儿子丕豹逃到秦国，对穆公说："晋国君主不行正道，得不到百姓的拥护。如果秦国出兵，百姓一定会把他赶走。"

穆公说："百姓如果不拥护晋君，他为什么能杀掉大臣呢？既然能杀死大臣，这说明晋国上下还是协调的。"

穆公虽然没有听从丕豹的计谋，但暗中却重用他。

◉ 穆公脱险，活捉晋君

秦穆公十二年（公元前 648 年），晋国发生旱灾，派人来秦国请求粮食援助。丕豹劝说秦穆公不要援助，要秦穆公趁着晋国饥荒去攻打它。

秦穆公询问大夫公孙支的意见，公孙支说："饥荒与丰收是交替出现的事，不能不给。"

秦穆公又问百里奚，百里奚说："夷吾的确得罪了您，可他的百姓又有什么罪呢？"

秦穆公觉得两人说的在理，于是向晋国提供了粮食。

秦穆公十四年（公元前 646 年），秦国发生饥荒，请求晋国援助粮食。晋君夷吾就此事征求群臣的意见。

夷吾的舅父虢射说："趁着秦国闹饥荒去攻打它，可以大获成功。"夷吾听从了他的意见。

秦穆公十五年（公元前 645 年），晋国发动军队攻打秦国，秦穆公大怒，以丕豹为大将，亲自率领大军前往迎击。两军在韩原交战。夷吾甩下自己的军队独自往前冲，跟秦军争夺财物，回来的时候，驾车的战马陷到了深泥里。

秦穆公与部下纵马驱车追赶，本想抓到夷吾，反而被晋军包围。晋军攻击秦穆公，秦穆公受了伤。这时，曾在岐山下偷吃秦穆公良马的三百多个乡下人不顾危险驱马冲入晋军，晋军的包围被冲开，不仅使秦穆公得以脱险，还活捉了夷吾。

◉ 秦国地盘向东扩展

当初，秦穆公丢失了一匹良马，岐山下的三百多个乡下人把它抓来吃掉了，官吏抓捕他们，要加以法办。

穆公说："君子不能因为牲畜而伤害人。我听说，吃了良马肉，如果不喝酒，会伤人。"于是就赐酒给他们喝，并赦免了他们。

这三百人听说秦国要去攻打晋国，都要求跟着去。在作战时，他们发现穆公被敌人包围，都高举兵器，争先死战，以报答吃马肉被赦免的恩德。

秦穆公俘虏了晋君，向全国发布命令："人人斋戒独宿，我将用晋君祭祀上帝。"

周天子听说此事后，替晋君求情，说："晋君是我的同姓。"

晋君夷吾的姐姐是秦穆公的夫人，她听到这件事，就穿上丧服，光着脚，对穆公说："我不能挽救自己的兄弟，以至让君上下命令杀他，实在有辱于君上。"

秦穆公说："我俘获了晋君，以为成就了一件大事，可是现在天子来求情，夫人也为此事而忧愁。"

思来想去，秦穆公跟夷吾订立盟约，答应让他回国，并给他换了上等的房舍住宿，送给他牛、羊、猪各七头，以诸侯之礼来款待他。

这年十一月，秦穆公送晋君夷吾回国，夷吾献出晋国河西的土地给秦国，同时派太子圉到秦国做人质。秦穆公则把女儿嫁给了太子圉。这时，秦国的地盘向东扩展到了黄河流域。

◉ 护送重耳回晋国

秦穆公二十年（公元前 640 年），秦国灭了周边的两个小国梁国和芮国。

两年后，晋太子圉听说晋君生病，说："梁国是我母亲的家乡，秦国却灭了它。我兄弟众多，父亲百年后，秦国必定把我留在这里，晋国也不会重视我，而改立其他公子。"

于是太子圉逃离秦国，回到晋国。

过了三年，晋惠公去世，太子圉即位为君。

秦穆公对圉的逃离十分恼恨，就从楚国迎来晋公子重耳，并把原来圉的妻子嫁给重耳。秦穆公的意图，在于帮助重耳回国夺权，以此建立秦晋同盟关系。

重耳起而推辞不肯，后来就接受了。第二年春天，秦穆公派人告诉晋国大臣，要送重耳回国。晋国答应了，于是秦国派人护送重耳回到晋国。重耳登位成为晋君，就是晋文公。晋文公派人杀了圉。圉就是晋怀公。

这年的秋天，周襄王的弟弟带，借助狄人的军队攻打襄王，襄王逃到了郑国。

第二年年初，周襄王派人向晋国、秦国求救。秦穆公于是率军帮助晋文公护送周襄王回朝，并杀死周襄王的弟弟带。

三年后，晋文公在城濮打败楚军。秦穆公三十年（公元前630年），穆公帮助晋文公包围了郑国。

郑国派人对秦穆公说："灭掉郑国，会使晋国实力大增，这对晋国是有利的，却对秦国没有好处。晋国强大了，就会成为秦国的忧患。"

秦穆公一心想东进图霸中原，自然不想看到晋国强盛，于是撤军返回秦国，晋国也只好撤军。

◎ 两位老人的警告

郑国有人向秦国出卖郑国说："我掌管郑国的城门，你们可以来偷袭郑国。"

秦穆公去问蹇叔、百里奚此事是否可行，两个人回答说："途经数国地界，到千里之外去袭击别人，很少有占便宜的。再说，既然有人出卖郑国，怎么知道我国的人就没有把我们的实情告诉郑国呢？所以我们不能偷袭郑国。"

秦穆公说："你们不懂，这件事我已经决定了。"

秦穆公派百里奚的儿子孟明视、蹇叔的儿子西乞术和白乙丙率军去攻打郑国。

军队出发的那天，百里奚、蹇叔二人对着军队痛哭不止。

秦穆公知道后，很生气，对他们说："我派兵出发，为国征战，你们却拦着军队大哭，这是为什么？"

两位老人说："我们不敢阻拦军队。大军要走了，我俩的儿子也在军中；如今我们年岁已大，他们如果回来晚了，恐怕就见不着了，所以才哭。"

两位老人转而对他们的儿子说："你们这次攻打郑国如果失败，一定是在崤山的险要处。"

◎ 秦军全军覆没

秦穆公三十三年（公元前 627 年）春天，秦国军队向东进发，穿过晋国，从周朝都城北门经过，表现得轻佻无礼。周朝的王孙满看到后说："秦军不懂礼仪，这样的军队怎么可能不打败仗！"

军队开到滑邑境内，郑国商人弦高这时正带着十二头牛去周朝都城售卖，碰见了秦军，他害怕被秦军杀掉或俘虏，就献上他的牛，说："听说贵国要去讨伐郑国，郑君已认真做了防守和抵御的准备，还派我带了十二头牛来慰劳贵国士兵。"

秦国的三位将军一起商量说："我们本是去偷袭郑国的，如今郑国已经知道了我军的行动，必有所准备，去也袭击不成了。"

商议之下，三人于是决定返回秦国，可是又怕回去无法向秦穆公交代，于是灭掉了滑邑。滑邑是晋国边境上的一个城邑。

这时候，晋文公死了还没有安葬，继位的晋襄公愤怒地说："秦国欺侮我刚刚丧父，趁我办丧事的时候攻破我国的滑邑。"

晋襄公下令把丧服染成黑色，以方便行军作战，发兵在崤山设下埋伏，阻截返国的秦军。

秦军进入埋伏圈后，晋军发起攻击，秦军全军覆没，孟明视、西乞术、白乙丙三位将军被俘。

晋文公的夫人是秦穆公的女儿，她替秦国三位被俘的将军向晋襄公求情说："我父亲因为这次败仗，对这三个人恨之入骨，希望您放他们回国，好让我父亲能亲自痛痛快快地杀了他们。"

晋襄公答应了，遂放秦军三位将军归国。

三位将军回国后，穆公穿着白色丧服到郊外迎接他们，对三人哭着说："寡人因为没有听从百里奚、蹇叔的话，以至于让你们三位受了屈辱，你们三位有什么罪呢？你们要拿出全部心力洗去这个耻辱，不要松懈。"

秦穆公恢复了三个人原来的官职俸禄，更加厚待他们。

◉ 由余论治国

崤山之战一年后，秦穆公为了报仇，派孟明视等率军攻打晋国，两军在彭衙交战，秦军作战不利，撤军返回。

这一年，西戎的绵诸王派由余出使秦国。

由余的祖先是晋国人，因晋国内乱逃亡到戎地，因此他还能说晋国方言。绵诸王听说穆公贤明，就派由余去秦国考察。

秦穆公向他炫耀壮丽的宫室和丰裕的积蓄。由余说："这些宫室积蓄，如果让鬼神营造，那么就会使鬼神劳累；如果让百姓营造，那么就会使百姓受苦。"

秦穆公觉得他的话奇怪，问道："中原各国借助诗书礼乐和法律处理政务，还不时地出现祸乱，现在戎族连这些都没有，用什么来治理国家呢？岂不很困难吗？"

由余笑道："这些正是中原各国发生祸乱的根源所在。上古时代，圣人黄帝创造了礼乐法度，并亲自带头贯彻执行，也只是实现了小的太平。到了后代，君主一天比一天骄奢淫逸。依仗着法律制度的威严来要求和监督百姓，百姓感到疲惫了就怨恨君上，要求实行仁义。上下互相怨恨，篡夺屠杀，甚至灭绝家族，这些都是由于实行了礼乐法度啊。而戎族却不是这样。在上位者怀着淳厚的仁德来对待下面的臣民，臣民满怀忠信来侍奉君上，整个国家的政事就像一个人支配自己的身体一样，无须了解什么治理的方法，这才是真正的圣人治理国家的方法啊！"

◉ 穆公用计招由余

秦穆公退朝后，问内史王廖说："我听说邻国有圣人，这将是敌对国家的忧患。现在由余有才能，这是我的祸害，我该怎么办呢?"

王廖说："绵诸王地处偏僻，没有听过中原地区的乐曲。您不妨试试送他歌舞伎女，借以消磨他的心志；并且为由余向绵诸王请求延期返戎，以此来疏远他们君臣之间的关系；同时留住由余不让他回去，以此来延误他回国的日期。绵诸王一定会感到奇怪，从而对由余产生疑心。他们君臣之间有了隔阂，就可以留住他了。再说绵诸王喜欢上音乐，就一定没有心思处理国事了。"

穆公采纳了王廖的建议。

秦穆公与由余座席相连而坐，互递杯盏一块儿吃喝。穆公向由余询问戎地的地形和兵力，把情况了解得一清二楚，然后命王廖给绵诸王送去十六名歌伎。

绵诸王高兴地接受了这些歌伎，非常喜爱迷恋，整整一年没有迁徙更换草场，牛马死了一半。

到了这个时候，秦穆公才让由余回国。由余见绵诸王沉迷于歌舞伎女，不问国事，便多次向绵诸王进谏，绵诸王都不听。秦穆公又屡次派人秘密邀请由余，由余于是离开绵诸王，去了秦国。

秦穆公以宾客之礼相待，对由余非常尊敬，向他询问应该在什么样的形势下进攻戎族。

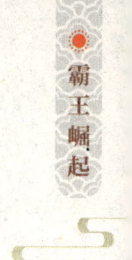

⊙ 为崤山之战报了仇

秦穆公三十六年（公元前 624 年），穆公派孟明等人率军进攻晋国。秦军渡过黄河后就焚毁了所有船只，以示决一死战，结果把晋国打得大败，夺取了王官和郊地，为崤山之战报了仇。

晋国军队据城防守，不敢出战。于是穆公从茅津渡过黄河，为在崤山之战中牺牲的将士筑坟，给他们发丧，痛哭三天。

穆公向秦军说："将士们！你们听着，不要吵嚷，我要告诉你们，古人办事能虚心听取老年人的意见，所以不会有什么过错。我反复思考自己不听取蹇叔、百里奚的建议而造成这样的错误，十分悔恨，你们要记住这是我的过失。"

君子们听说这件事，都为之落泪，说："啊！秦穆公真不愧是个人物啊，现在终于有了孟明等人大败晋国这样可喜可贺的事。"

⊙ 称霸于西戎

秦穆公三十七年（公元前 623 年），秦国采用由余的计谋攻打绵诸王，增加了十二个属国，开辟了千里疆土，终于称霸于西戎地区。

周天子派召公带着钲、鼓等军中指挥用的器物去向秦穆公表示祝贺。

秦穆公三十九年（公元前621年），秦穆公去世，安葬在雍。陪葬的人达一百七十七人，秦国良臣子舆氏有三个儿子名叫奄息、仲行、针虎他们因为品行好被称为"三贤"，这三个人也是陪葬者。

秦国人为他们感到悲痛，为此作了一首题为"黄鸟"的诗。

君子说："秦穆公开拓疆土，增加属国，在东方征服了强大的晋国，在西方称霸了西戎，但是他没有成为诸侯的盟主，这也是理所当然的。因为他死了就置百姓于不顾，还让他的良臣殉葬。古代有德行的帝王逝世还知道给后人留下好的道德和法度，而他却没有这样做，还夺走了百姓所爱戴的好人、良臣。由此可以断定秦国不可能再东进了。"

穆公死后，他的太子继承王位，这就是康公。

历史启示录

秦穆公是秦国发展史上一位极具影响的人物，他"益国十二，开地千里"，是春秋霸主之一。他的功绩并不全是因为武力所得，他的品格，才是他让秦国快速壮大的重要原因。

秦穆公在位期间，开秦国任用客卿的先河，重用百里奚、蹇叔、由余等贤才，让原本积贫积弱的秦国以全新的面目走上了历史舞台。

中原第一霸 │齐桓公的故事│

◉ 齐桓公惊险继位

齐襄公杀死了鲁桓公，多次欺侮大臣，还屡屡杀罚不当。

他的两个弟弟公子纠和公子小白害怕被牵连，便逃到了外国。公子纠的母亲是鲁国人，于是他就逃到了鲁国，管仲、召忽追随他而去。公子小白逃亡莒国，鲍叔牙跟随左右。

公孙无知因齐襄公降低自己俸禄、服饰等级而怀恨在心，于是便趁机杀了齐襄公，自立为君。没多久，公孙无知在雍林游玩时被人袭杀。

公孙无知死后，国中商议立君之事。

小白从小与大夫高傒交好，高傒便联合大夫国氏抢先暗中从莒国召回小白。鲁国听说无知已死，也派兵护送公子纠返齐，并命管仲另带一支军队去堵截莒国通往齐国的道路。等公子小白的车队到达埋伏的地方，管仲一箭射中他的衣带钩。

小白假装被射死，管仲派人飞报鲁国。公子纠认为公子小白已死，再没有人与他争夺君位，也就不急于赶路，六天后才到达齐国，小白这时早已到了齐国，高傒立其为君，这就是齐桓公。

⊙ 任用管仲主持政务

齐桓公当时被管仲射中衣带钩后，装死以迷惑管仲，然后藏在辒车中飞速赶往齐国，也因为有高氏和国氏两大家族作为内应，所以能够先入齐国即位，随后，齐桓公派兵打败了护送公子纠的鲁国军队，随后又切断了鲁军的退路。

齐桓公写信给鲁国说："公子纠是我的兄弟，我不忍亲手杀他，请鲁国将他杀死。召忽、管仲是我仇敌，请把他们交给我，我要把他们五马分尸才甘心。不然，我将派兵攻打鲁国。"

鲁庄公很害怕，就杀死了公子纠。召忽为尽人臣礼节，自杀而亡。

管仲则要求被关在囚车里，押送回齐国。

齐桓公并不是真的想将管仲五马分尸，而是听从了鲍叔牙的建议实施计谋将管仲迎回齐国。

齐桓公继位之初，确实想杀死管仲，这时鲍叔牙劝谏说："我有幸追随您左右，您现在终于成了国君。我已无法再帮助您提高地位了。您如果只想治理齐国，有高傒和我就够了。但您如果想成就霸王之业，就一定需要管仲的辅佐。管仲到哪个国家，哪个国家就必定强大，您不能失去这个人才。"

齐桓公听从此言，就假装召回管仲以报仇雪恨，实际是想让管仲回国辅政。管仲清楚这是鲍叔牙的计谋，所以让鲁国人按齐桓公的要求，将他关进囚车，押回齐国。

管仲一到齐国，鲍叔牙就给管仲除去刑具，让他斋戒沐浴后去见桓公。齐桓公赏赐给管仲许多财物，并任他为大夫，主持政务。

◉ 管鲍之交

管仲年轻时曾与鲍叔牙交往，结下了深厚的友谊。

鲍叔牙向齐桓公推荐管仲之后，管仲执掌齐国的政事，鲍叔牙甘愿居管仲之下。

管仲说："我当初困顿潦倒的时候，曾经和鲍叔牙一起经商，分钱时自己常常多分一点，他知道我生活贫困，所以并不认为我贪财。我曾经为他办事，结果却让他更加难办，他知道这是由于时机不利，因此并不认为我愚笨。我曾经多次做官，每次都被国君罢免，他知道我是由于生不逢时，并不认为我没有才干。我也曾多次领兵打仗，好几次都临阵脱逃，他知道这是因为我还有老母亲需要侍奉，所以并不认为我胆小。公子纠失败，召忽为他而死，我去请求被关在囚车里，一路受尽屈辱，谁都瞧不起我。他知道我不在意小节，而以功名不彰显于天下为羞，所以并不认为我不知羞耻。生我的是父母，真正了解我的却是鲍叔牙啊！"

鲍叔牙把管仲推荐给齐桓公之后，甘愿身居管仲之下。所以天下人不称赞管仲的贤能，却称颂鲍叔能够识别人才。

◉ 齐桓公确立霸主地位

齐桓公得到管仲后，又有鲍叔牙、隰朋、高傒等贤臣辅佐，开始修治齐国政事。

在管仲的提议下，齐桓公在基层以五户人家为一个军制单位，大力开发商业，兴办渔业、盐业等齐国优势产业，用以救济贫民，同时重用奖励贤能之士，齐国百姓都感到很高兴。

管仲辅佐齐桓公治理齐国，一心富国强兵，也特别重视百姓的感受。

他说："百姓储存粮食的仓库充实了，人们才会有心去了解国家的各种礼节规范及其道理；家中的衣食富足了，人们才会懂得什么是国家的荣誉，什么是个人的耻辱。国君遵守法度，六亲就关系稳固；礼、义、廉、耻得不到弘扬，国家就要灭亡。国家颁布的政令如果像流水起于高山流入平原一样顺畅，是因为它能顺应民心民情。"

管仲治理政事，非常善于将坏事转变为好事，把劣势转变为优势。

齐桓公五年（公元前 681 年），齐国攻打鲁国，鲁军大败。鲁庄公请求献出遂邑来求和，桓公答应了，于是两国在柯地会盟。

两国君主将要盟誓之际，鲁国将军曹沫在祭坛上用匕首劫持齐桓公，说："归还鲁国被侵占的土地！"

桓公只得答应。然后曹沫扔掉匕首，面向北方，以示臣子之礼。

桓公马上就后悔了，不想归还占领的鲁国土地，还想要杀死曹沫。

管仲说："君上被劫持时答应了人家的要求，现在不仅想背弃诺言，还要杀死对方，这样做虽然是件快意之事，却在诸侯中失去了信义，也失去了天下人的支持，所以我认为不能这样做。"

桓公认为管仲说得对，就把曹沫三次打败仗所丢的领土全部归还给了鲁国。诸侯知道后，都认为齐国守信而想归附它。

两年后，诸侯与齐桓公在甄地会盟，齐桓公从此成为天下诸侯的霸主。

◉ 救援燕国

齐桓公二十三年（公元前 663 年），山戎入侵燕国，燕国向齐国求救。齐桓公派兵救援燕国，接着讨伐山戎，到达孤竹后才班师。

燕庄公为表感谢，将桓公一直送到齐国境内。

桓公说："除了周天子，诸侯之间相送不能走出自己国境，我不能违背制度，对燕国无礼。"

齐桓公于是把燕君所至的齐国领土用沟分开送给燕国，又听从管仲的意见，让燕庄公重修燕国开国之君召公的德政，向周王室进贡，就像周成王和周康王时代一样。

诸侯知道后，都归附了齐国。

◉ 征蔡伐楚

齐桓公二十九年（公元前657年），桓公与夫人蔡姬一起乘船游玩。蔡姬仗着熟悉水性，故意把船只晃得左右颠簸。桓公很害怕，就命蔡姬停止，蔡姬充耳不闻。桓公非常生气，下船后，就直接把蔡姬送回娘家，但没有断绝夫妻关系。

齐桓公之举让蔡侯十分恼怒，感觉自己受到了羞辱，便把妹妹蔡姬嫁给了别人。齐桓公听说这件事后更加生气，于是在第二年春天，就率领诸侯讨伐蔡国，蔡国大败。接着，在管仲的谋划下，齐桓公起兵南下，讨伐楚国。

楚成王带兵前来应战，质问道："你为什么入侵我的国家？"

管仲回答说："过去召康公代表周天子对我国先君太公说：'五等诸侯，各地守官，如有不敬，你都有权征伐，以辅佐周室。'楚国没有进贡包茅，使得天子祭祀用品不全，所以齐国国君派兵来督责。另外，昭王南征不归，死在南方，因此一并来问罪。"

楚成王听完管仲的一番话，说道："没有及时向周天子献上贡品，这确实是我之罪过，今后不敢不奉上。至于昭王，请您去向汉水问罪吧。"

齐军于是大举进攻，最终因兵多将广而取胜，与楚国订立盟约而回。

◉ 两次葵丘会盟

齐桓公三十五年（公元前 651 年）夏天，桓公与诸侯在葵丘会盟。

周襄王派周公后裔宰孔赏赐给齐桓公祭祀过文王武王的福肉、丹彩装饰的弓箭以及天子乘用的大车，并且特许桓公不用下拜谢恩。

齐桓公本想答应，这时管仲说："不可以。"齐桓公于是下拜接受周天子的赏物。

这年秋天，齐桓公再次与诸侯在葵丘会盟，但齐桓公的态度越来越傲慢。诸侯见齐桓公这副样子，便不再像从前那般顺从了。

此时周王室衰微，天下只有齐、楚、秦、晋四个强国。晋献公刚死，国内大乱。秦穆公处地偏远，不参加中原诸侯的会盟。楚成王刚刚占有荆蛮之地，认为自己是夷狄之邦。只有齐国能够召集中原诸侯会盟。

齐桓公因此很得意，毫不客气地夸耀道："我九次会盟诸侯，将天下的秩序重新扶正到周礼的规范中。夏商周三代的开国天子所承受的天命，与我的功绩有什么不同！我想要封祭泰山，禅祭梁父。"

以诸侯的身份封禅是不合适的，管仲苦苦相劝，齐桓公不听，管仲只好说："您要行封禅之礼，要等远方各种奇珍异物齐备了才行。"桓公这才作罢。

◉ 晚年昏聩，死后悲凄

过了六年，管仲去世。管仲临终前，齐桓公问他："你死后，谁可以做相国辅佐我？"

管仲说："知道我心意的，莫过于您了。"

桓公说："易牙怎么样？"

管仲回答说："易牙这个人杀死自己的儿子来迎合您，不合人情，不能任用。"

桓公问："那开方怎么样？"

管仲回答说："他抛弃双亲来迎合您，不合人情，您一定不能亲近他。"

桓公说："竖刁呢？这个人怎么样？"

管仲回答说："竖刁阉割自己来迎合您，不合人情，不能把他当作亲信。"

管仲死后，齐桓公不听管仲遗言，亲近重用了这三人，这三人靠着齐桓公的宠信，专权跋扈。

齐桓公有好几个儿子，管仲在世时，齐桓公曾立公子昭为太子，管仲死后，桓公的其他几个儿子都要求被立为太子。

齐桓公死后，易牙与竖刁借助宫内宠臣的力量，立公子无诡为齐国国君，太子昭便逃亡到了宋国。

桓公的其他几个儿子不服，就互相攻战，齐国一片混乱。桓公的尸体在床上停放了六十七天，以致尸体爬满了蛆虫。直到无诡继位，才把桓公收殓，并向各国报丧。

一代霸主竟是这般结局，真是可怜可悲可叹。

历史启示录

齐桓公是姜太公的第十二代孙，他任管仲为相，又得鲍叔牙、隰朋、高傒等贤臣辅佐，对内休养生息，对外"尊王攘夷"，使得齐国无论是国土、经济还是威望上都达到了顶峰，他自己更是成为威震天下的一代霸主。

可惜到了晚年，随着几位贤臣相继离世，齐桓公被三个他以为对他忠诚的小人控制，最终落得一个令人唏嘘的下场，而强盛的齐国也自此开始走下坡路。

开创百年霸业 | 晋文公的故事 |

◉ 怀公忠臣阴谋杀文公

晋文公继位后，忠于怀公的大臣吕省、郤芮害怕被杀，就纠集党徒阴谋烧杀文公。早先曾经想杀死文公的宦者履鞮知道了这个阴谋，便想向文公通风报信。他这么做是为了将功赎罪，于是要求谒见文公。

文公拒绝见他，派人谴责他说："当初在蒲地时，你砍掉了我的衣袖。后来在狄国的时候，你又替惠公来杀我。惠公与你约定三天到达，而你竟然一天就赶到了，这行动是多么快速啊，你自己想想吧。"

履鞮解释说："我是受过宫刑的人，不敢用二心侍奉国君，背叛主人，所以得罪了您。现在您回国了，当初在蒲地和狄国那种事就不会再发生了。而且，管仲射中齐桓公的带钩，齐桓公仍重用管仲，这才称霸诸侯。今天我这个罪人想告诉您一件要事，您却不见，灾祸就要降临到您头上了。"

文公于是接见了他，他便把吕省、郤芮等人的阴谋告诉了文公。文公担心自己刚刚回国，人心不稳，而吕、郤等党徒众多，自己可能会被人出卖，就乔装打扮去了秦国。

不久，吕、郤等人果真烧毁了文公居住的宫殿，却没有找到文公。文公的卫兵与他们交战，吕、郤等人不敌，便想要逃跑，后来在黄河边上遭秦穆公诱杀，文公这才得以返回晋国。

◉ 隐居绵上山的介子推

晋文公继位后，不忘赏赐追随自己逃亡的大臣。

当初，秦穆公派兵护送晋文公到达黄河岸边，马上就要进入晋国，文公的舅舅狐偃这时想要提醒文公在入晋之前，赶紧许诺封赏，笼络人心，便假意对他说："我跟随您周游天下，做了很多错事。这些错事我都记在心里，您也一定很清楚。如今大局已定，我的任务也完成了，请让我离去吧。"

文公听出了舅舅话里的意思，就说："我回到晋国后，定与您同心共享晋国，请河伯为我的话做证！"说完，文公就把一块璧玉扔到黄河里，以此明誓。

跟随晋文公流亡的介子推正在船中，见此情形，就笑道："公子能平安回国，实为上天的安排，然而狐偃却认为这是自己的功劳，竟还以此向公子索要赏赐，这与偷人钱财的盗贼有什么分别？我不愿与这样的人为伍。"说完就渡过黄河，隐居起来。

回到晋国，没等文公赏赐完功臣，周襄王就因弟弟王子带发难逃到郑国，于是来向晋国求救。晋国刚刚安定下来，文公担心如果现在派军队去帮助周襄王，国内又会发生动乱，举棋不定之际，便暂停了封赏有功之臣一事，有的人因此没能得到赏赐，自然也没有轮到隐居起来的介子推。

介子推的母亲说："你为什么不去请求国君赏赐呢，你现在生气，这是怨恨谁呢？"

介子推说："我怨恨那些像强盗一样偷取功劳的人，我既然知道他们的过错，还去仿效他们的行为，罪过就更大了。况且我已经说出了怨言，就更不能去吃国君的俸禄了。"

母亲说："那至少也让国君知道你的情况，怎么样？"

介子推回答说："话是每人身上的花饰，既然我选择了隐居，何必再使用花饰呢？装上花饰不过是为了显露自己罢了。"

介子推的母亲说："既然这样，那我和你一起隐居起来吧。"

母子俩于是隐居深山，至死也没有出来。

曾经追随过介子推的门客对他的遭遇愤愤不平，就在宫门口挂了个牌子，上面写道："龙想上天，需五条蛇辅佐。龙已深入云霄，四条蛇各自进入了自己的殿堂，只有一条蛇独自悲怨，因为它没有自己的去处。"

文公出宫时，看见了这几句话，就说："这说的是介子推啊。我为周天子的事劳心，竟然把他的功劳给忘了。"于是，文公赶紧派人召介子推受封，才知道他已隐居绵上山，文公便把整座绵上山封给介子推，因此绵上山又被称为介山。

⊙ 报答宋国的恩情

晋文公二年（公元前 635 年）的春天，秦国军队打算护送周襄王返回京城。

赵衰认为护送周天子回京，并尊奉周天子，是成为霸主的根本，因此晋国要赶在秦国前面护送周天子。晋文公听从了赵衰的建议，派兵护送周襄王回到了洛邑，还杀了王子带。

为了酬谢晋文公平定子带之乱，周襄王将河内阳樊之地赐给了他。

两年以后，楚成王攻打宋国，宋国派人向晋国求助。

晋文公流亡期间，曾受到宋襄公的盛情款待，晋国名将先轸因此说："报答宋襄公恩情，建立霸业，就在今天了。"

狐偃说："楚国刚刚攻占了曹国，还与卫国联姻，假如这时候我们前去攻打曹国和卫国，楚国一定救援，这样，宋国就得救了。"

于是晋文公编制了三军，前去讨伐曹国和卫国。

⊙ 妙计解危机

晋文公打算先讨伐曹国，便向卫国借道，卫国人不答应，晋军只好渡过黄河攻打曹国。没多久，晋文公和齐孝公在敛盂结盟，卫成公见晋国大军压境，晋、齐两国又结为同盟，为求自保，便请求参加结盟，晋文公没有同意。

卫成公又想与楚国结盟，可卫国人反对，还把卫成公赶出卫国以讨好晋国。晋国攻打卫国后，楚国果然救援卫国，但没能取胜。

之前，晋军攻入曹国都城，由于曹国大夫僖负羁曾在晋文公流落到曹国时，劝国君不能对晋文公无礼，自己还私下给他送去食物，晋文公因此下令军队不许骚扰僖负羁的宗族，以报答他的恩德。

楚国后来又包围了宋国，宋国再次向晋国求援。晋文公认为，要彻底解决宋国的危机，就必须直接攻打楚国，可是楚国曾对自己有恩，便不想攻打楚国；可要是不去救宋国，又对不起宋国当年的恩情，晋文公为此举棋不定。

先轸提出建议说："我们可以把曹、卫的国君抓起来，然后把这两国的土地分给宋国，楚国肯定会急着去救助曹、卫，宋国的危机就解除了。"

文公依照先轸的提议行事，楚成王果然率军离开了宋国。

◉ 退避三舍报答楚国

楚国将领子玉对晋文公的所作所为非常不满，对楚成王说道："国君当年对晋国国君那么好，今天他明知道我国与曹、卫两国关系密切，还故意攻打它们，这是在轻视您啊。"

成王说："晋君在外流亡十九年，经过长时间的折磨才返回晋国。他历经艰难险阻，所以能善待自己的臣民，这是上天在为他开路，我们阻挡不了。"

子玉仍旧请求出兵，楚成王很生气，只给他很少的军队。

子玉派大夫宛春前往晋国，告诉晋文公："请释放卫国和曹国的国君，归还他们的土地，我们也会放弃宋国。"

狐偃对晋文公说："这子玉实在太无礼了，按他说的，您作为国君只得到一份好处，而他身为臣子却得到两份好处，欺人太甚，我们绝不能答应。"

先轸说："安定人心叫作礼。楚国一句话安定了三个国家，您一句话却让它们不得安宁，这是我们无礼。如果我们不答应楚国的要求，就等于放弃宋国。我们不如私下里答应恢复曹国、卫国，再扣留宛春来激怒楚国，然后看战争胜负的情况再来计谋。"

晋文公便把宛春囚禁起来，并私下答应恢复曹国、卫国，曹、卫两国便宣布与楚国断绝关系。

子玉知道后非常生气，便率军攻打晋国。晋文公为了报答楚文王曾经的厚待，命令晋军后退九十里，楚军也想撤退，但子玉不同意。在这之后，晋文公联合宋国、齐国和秦国，率军在城濮与楚军交战，楚军大败，子玉收拾残兵败将逃回楚国。

郑国曾经出兵援助楚国，现在见楚国败了，害怕晋国攻打自己，便派人请求与晋文公结盟。晋文公同意与郑国结盟。

◉ 晋文公称霸

一切安定后，晋文公在郑国的践土为周襄王修筑王宫，之后又把楚国俘虏献给周天子，共有一百辆战车、一千名步兵。

周天子让王子虎宣布晋文公为霸主，赏赐他黄金装饰的大车、一副红色弓、百支红色箭、十副黑色弓、千支黑色箭、一卣香酒，还有玉勺和三百名勇士。晋侯多次辞谢，最后才行礼接受。

晋国虽然战胜了楚国，但晋文公还常常叹息发愁，大臣们询问其中缘故。

文公说："楚国还有子玉这样的人在，我怎么可能高兴呢？"

子玉大败而回，楚成王责备他不听自己的话，只顾与晋国交战，子玉便引咎自杀了。

听到子玉自杀的消息后，晋文公很高兴，说："我在外部打击楚国，楚国在内部诛杀自己的大将，这可真是内外呼应啊。"

不久，晋文公恢复了卫成公的地位，没几个月，又恢复了曹共公的地位。

之后，晋侯渡过黄河回到晋国，开始论功行赏，狐偃属头功。

有人反对说："城濮战争胜利，是因为用了先轸的谋略。"

文公说："城濮之战，狐偃曾经劝我不要失去信用，而先轸认为打仗以战胜为重。我采纳了先轸的意见而取胜，然而胜利只有利于一时，狐偃说信用是千秋万代的功业，怎么能让一时的利益超过万代的功业呢？因此，狐偃应得首功。"

◉ 一代霸主逝世

晋文公七年（公元前 630 年），晋文公、秦穆公率军共同包围郑国，这是因为在文公流亡的过程中，郑国对文公无礼，而且郑国还在城濮之战中援助了楚国。郑国大夫叔瞻曾劝告国君杀掉晋文公，晋文公这次包围郑国，其中一个目的就是想得到叔瞻。叔瞻听说后就自杀了。

郑国人带着叔瞻尸体去见晋文公，晋文公说："叔瞻虽然死了，但我还想抓到郑君。"

郑文公害怕了，就暗中派使者去游说秦穆公说："郑国灭亡了，晋国的国力增强了，得到好处的是晋国，秦国却得不到任何好处。您为什么不撤兵，与郑国结盟呢？"

秦穆公觉得有道理，便同意了，撤走了军队，晋国也随后撤了军。

两年后的冬天，一代霸主晋文公逝世，这时，郑国的国君也去世了。

历史启示录

晋文公与齐桓公并称"齐桓晋文"，是晋国百年霸业的开创者。

晋文公重耳漂泊诸侯国十九年，从一个流亡在外的公子最后变成春秋五霸之一，离不开他自身天资聪颖，也与他身边的人息息相关。可以说，晋文公的霸业史，是集体的杰作，而晋文公本人，则是成就这一杰作的灵魂人物。

客观地说，晋文公有其性格上的弱点，但也正是因此，让我们看到了一个有血有肉，有光环也有污点的真人，而不是完人，重耳作为一个历史人物，才显得那么真实。

坚持与守护 | 伍子胥和两代吴王的故事 |

◉ 奸臣的嘴脸

伍子胥是楚国人，名叫员。他的父亲叫伍奢，他的哥哥叫伍尚。他的祖父是楚庄王时期的大臣伍举，以敢于直言劝谏而闻名于世，声望显赫。

楚国此时在位的国君是楚平王，平王派伍奢做太子建的太傅，费无忌做太子建的少傅。然而费无忌却不忠于太子建。

楚平王让费无忌到秦国去为太子建娶亲，那位秦国女子长得很漂亮，费无忌回国后报告平王说："那位秦国女子绝美无比，大王可以自己娶过来，另外再替太子娶个妻子。"

楚平王难以抗拒秦国女子的美色，便将她娶来，百般宠爱，后来生了一个儿子，名叫轸。楚平王又另外给太子娶了妻子。

费无忌一味向平王献媚讨好，因此就离开了太子建而去侍奉平王，他知道这样做会得罪太子建，担心太子建继位后杀掉自己，因此极力诋毁太子建。

太子建的母亲是蔡国人，平王本来就不喜欢她。又由于费无忌的关系，平王也渐渐地疏远了太子建，派他去驻守城父，守卫边疆。

◉ 拨弄是非的小人

费无忌一天到晚地在楚平王面前讲太子建的坏话。说太子建因为秦国女子，心生怨恨，到了城父后，就马上操练军队，又与各诸侯国频繁往来，他这是准备造反啊。费无忌劝楚平王要时刻防备太子建。

楚平王为了弄清事情真相，就把太子建的太傅伍奢召来询问。

伍奢见费无忌也在，便明白是他在平王面前说了太子建的坏话，便说："大王为什么要相信那种拨弄是非的小人的话，而疏远了至亲骨肉呢？"

费无忌说："大王如果不制裁他们，他们的阴谋就要成功了。大王将很快被他们抓起来。"

楚平王勃然大怒，把伍奢关进了监牢，又派人去城父杀太子建。派出去的人知道太子建是被冤枉的，还没有到城父之前，就派人先去告诉太子建，让他赶快逃命，于是太子建就逃到了宋国。

◉ 伍子胥逃离楚国

费无忌想要借此除掉伍氏一族，便对平王说："伍奢有两个儿子，都很有本事，要是不杀掉他们，将来会成为楚国的祸害。"

楚平王于是派人对伍奢说："要是你能把你的两个儿子叫来，我就饶你一命；否则就把你处死。"

伍奢说："我的长子伍尚为人善良，叫他来，他就一定会来。我的次子子胥为人刚烈，又能够忍辱负重，是个能干大事的人，他知道来了就会被抓起来，肯定不会来。"

楚平王不听这些，派人去召伍尚、伍子胥，对他们说："你们若来，我就放了你们的父亲；你们若不来，我就杀了你们的父亲。"

伍尚一听，就要去，伍子胥说："楚王之所以召我们兄弟去，是为了把我们两个骗去。我们两个一到，楚王就会把我们父子三人一起处死。这对父亲一点益处也没有，也使得我们没有报仇的机会，不如逃去别的国家，借他们的力量为父亲报仇。"

伍尚说："我知道即使去了，也不能保全父亲的性命。但现在父亲召我前去，我如果不去，以后又不能为父报仇，必定会被天下人耻笑。"他对伍子胥说："你快逃吧，你能够报杀父之仇，而我就去与父亲一起赴死。"

伍尚被捕后，使者又要抓捕伍子胥。伍子胥拉弓搭箭对准使者，使者吓得不敢上前，伍子胥就趁机逃走了。伍子胥听说太子建在宋国，就跑去了宋国。

伍奢听说伍子胥逃走了，就说："从今以后，楚国的君臣要

为战争吃苦头了。"

不久，伍尚到了楚国国都，平王便把他和伍奢一起杀掉了。

◉ 伍子胥过昭关奔吴

伍子胥逃到宋国后，正遇上宋国发生内乱，伍子胥就和太子建一道逃到了郑国。郑国对他们很好，而后，太子建又逃到了晋国。

晋顷公想要灭掉郑国，便对太子建说："郑国很信任你，希望你能去为我做内应，我从外面发起进攻，等把郑国灭掉，我就把郑国的土地封给你。"太子建便回到了郑国。

太子建正为内应之事做准备，这时因为一件私事要杀掉一个随从。这个随从知道他的秘密，就把这件事报告给了郑国国君。郑定公便杀了太子建。伍子胥很害怕，便带着太子建的儿子公子胜一起逃往吴国。

两个人来到昭关，昭关的守将想捉住他们。伍子胥只好与公子胜分开行动。伍子胥逃到江边，江上正巧有个打鱼的老翁划船而来，知道伍子胥情况危急，就将伍子胥摆渡过江。

伍子胥渡江后，解下佩剑对老翁说："这柄剑价值百金，送给您以表示感谢。"

老翁说："楚国的法令规定，捉到伍子胥，就赏赐粮食五万石，封给执珪的爵位，那些赏赐爵位何止一把值百金的剑？"因而没有接受伍子胥的剑。

伍子胥还没有走到吴国就病倒在半道上，只能以讨饭度日。到了吴国，此时是吴王僚掌权，公子光做将军。伍子胥便通过公子光的关系拜见了吴王僚，对他说楚国虽是大国，但也是可以打败的，打败楚国后，吴国可以得到很大的利益。

公子光对吴王僚说："那个伍子胥，父兄都是被楚王杀死了，他为了报仇，才劝大王攻打楚国，并不是真心为吴国打算。"吴王僚就不再讨论伐楚的事。

伍子胥知道公子光一心想要杀掉吴王僚而自立，他的心思自然不在对外用兵上，于是就把逃亡途中认识的勇士专诸推荐给公子光，等到专诸帮公子光除掉吴王僚，助他登上国君之位，一切就都好说了。

公子光得到专诸后，以宾客之礼相待，也由此深信伍子胥。此后伍子胥退出朝廷，与公子胜跑到乡下，一边种地，一边静待时变。

◉ 公子光的夺位阴谋

公子光之所以一心要除掉吴王僚，是有原因的。

公子光的父亲是曾经的吴王，叫诸樊。诸樊有三个弟弟，依次是余祭、夷眜、季札。其中数季札最为知书达礼、仁爱贤明，诸樊的父亲寿梦想把王位传给季札，可是季札不接受，寿梦只好将王位传给长子诸樊。

诸樊谨记父亲临终嘱托，就没立太子，想依照兄弟次序把王位传下去，最后好把王位传给季札。因此诸樊死后王位就传给了余祭，余祭死后，王位传给了夷眛，夷眛死后，王位本该传给季札，没想到季札还是不肯继位，吴国人就拥立夷眛的儿子僚为国君。

公子光对此很不满，他说："如果按兄弟的次序，季札应当立为国君；可他既然不愿当国君，那么我作为先王的嫡子，应当把王位传给我，怎么也轮不到僚。"于是他秘密地供养一些有智谋的人，以便靠他们的帮助夺取王位。

◉ 公子光的誓言

吴王僚十二年（公元前 515 年），楚平王死了。楚平王与秦国女子所生的儿子公子轸继位，这就是楚昭王。这年春天，吴王僚趁着楚国办丧事，派公子烛庸和盖余领兵攻打楚国，再派季札出使晋国，这是让季札观察各国诸侯的动静。

楚昭王派兵切断了吴军的后路，使吴军回不了国。公子光看到此时吴国国内兵力空虚，认为时机已经到来，便对专诸说："这个机会不能失掉，要是不去争取，又哪里能够得到原本属于我的王位呢？况且我才是真正的继承人，等我登基，即使季札回来，也不会废掉我。"

专诸说："公子放心，杀掉吴王僚不是难事。他母老子弱，两个弟弟被派去攻打楚国，结果被楚国围困，而在国内，他没有可以依托、正直敢言的忠臣，他还能把我们怎么样呢？"

专诸的这番话让公子光感到很高兴，他立即向专诸叩头，发誓说："我的身体就是您的身体，您身后的事都由我负责。"

◉ 吴王僚被杀

吴王僚十二年（公元前515年）四月，公子光事先埋伏下身穿铠甲的武士，然后宴请吴王僚。也许是听到了什么风声，吴王僚这次很谨慎，他派出卫队，从王宫一直排列到公子光家里，台阶两旁都站着吴王僚的亲信，每个人都举着长矛。

喝酒喝到正畅快的时候，公子光假装脚有毛病，躲到了地下密室。这时专诸把匕首放到烤鱼的肚子里，然后把鱼进献到吴王僚面前。就在献上烤鱼的一瞬间，专诸掰开鱼，取出匕首刺向吴王僚，吴王僚当场就死了。

看到吴王僚被杀，左右亲信立刻杀死了专诸。趁着场面混乱不堪，公子光命令埋伏的武士消灭了吴王僚的部下，而后自立为国君，这就是吴王阖闾。

阖闾继位后，封专诸之子专毅为上卿，同时召回伍子胥，和他共谋国事。

季札从晋国回来后，看到这些，无奈地说："只要不废止对先君的祭祀，百姓不至于没有主人，社稷之神得到奉祀，那就是我的国君。我又怎么敢心生怨恨呢？我只有哀悼死者，事奉生者，以此来对待天意。"

季札随后来到僚的坟墓前，汇报了自己出使晋国的经过，继而痛哭一番，之后便回到朝廷等待新君的命令。吴王僚的两个弟弟盖余、烛庸听说公子光杀死僚自立为王，就投降了楚国，楚王把他们封在舒地。

◉ 伍子胥两败楚国

吴王阖闾元年（公元前 514 年），楚昭王杀掉了他的大臣伯州犁。伯州犁的孙子伯嚭逃了吴国。阖闾让伯嚭做了吴国的大夫。

阖闾在位第三年，与伍子胥和伯嚭率军进攻楚国，攻克了舒地，活捉了以前叛吴降楚的吴王僚的两个弟弟。阖闾本来准备乘胜进军楚国国都，将军孙武劝道："军民征战楚国已经很疲惫了，此时不能再攻打楚都。"阖闾听从了孙武的建议，撤军回国。

吴王阖闾四年（公元前 511 年），阖闾再次发兵进攻楚国，占领了六与灊两地。第二年，吴国打败了东南边的越国，又过了一年，楚昭王为报吴国侵地之仇，发兵进攻吴国。阖闾派伍子胥迎战，伍子胥率军把楚军打得大败。

◉ 伍子胥鞭尸出恶气

吴王阖闾九年（公元前 506 年），吴王阖闾对伍子胥和孙武说："先前你们说攻打楚都的时机还不成熟，那么现在可以了吗？"
两人答道："楚国的将军囊瓦由于向唐侯和蔡侯勒索财物，

遭到唐国和蔡国的怨恨。大王想要进攻楚国，就必须联合唐、蔡两国一起行动。"

阖闾听了他们的话，联合唐、蔡两国，进攻楚国。两军在汉水两岸沿江对阵。阖闾的弟弟夫概要求打头阵，阖闾没有同意。

夫概说："大王把军队交给我，是信任我，如今形势有利于我，我们还等什么呢！"

夫概便率领他手下的五千士兵向楚军发动突袭，楚军大败而逃。阖闾见此纵兵追击，在伍子胥和孙武的直接指挥下，吴军经过五次大战，只用了十几天工夫，就攻入了楚都。

楚昭王在吴军兵临城下前逃离国都，跑到郧县。第二天，吴军进入楚都，伍子胥到处搜寻楚昭王，没有找到，他就掘开楚平王的墓，拖出尸骨，抽打了三百鞭，方才住手。

◉ 申包胥哭秦廷

在楚国时，伍子胥与申包胥是好朋友，当初，伍子胥从楚国出逃时对申包胥说："我一定要灭掉楚国。"

申包胥则回道："那么我一定能使楚国存活下去。"

　　楚都城破前，申包胥逃出国都，躲在山中，听到伍子胥为了出口气，竟掘坟鞭尸，就派人对伍子胥说："你这样做太过分了。我听说，人多势众一时能胜过天理，但天理也会最终让人毁灭。你从前是楚平王的臣子，曾经亲自侍奉过他，现在竟然鞭打已死之人，就算不讲天理，也不能这样做！"

　　伍子胥对来人说："替我向申包胥道歉吧，就说我已经老了，而且报仇心切，就像太阳早已落山，可我的路途还很遥远，所以才做出这种倒行逆施的事情来。"

　　申包胥于是跑到秦国，请求秦国发兵救楚。秦国没有答应。申包胥便站在秦国的宫廷里日夜不停地痛哭，就这样一连哭了七天七夜而没有中断。

　　申包胥的行为终于打动了秦国国君，他说："楚王虽然无道，但是有这样的臣子，怎么能让楚国就这么亡国了呢？"

　　于是秦君派兵援救楚国，抗击吴国，在稷打败了吴军。

　　吴王阖闾进入楚都后，跟伍子胥一样，也在城中到处搜寻楚昭王，一时不准备回国。阖闾的弟弟夫概就趁机偷偷回到吴国，自立为王。阖闾急忙赶回国内，攻打夫概。夫概兵败，逃到了楚国。

　　楚昭王看到吴国发生内乱，也趁机重返郢都。他将夫概封在堂溪，夫概就叫作堂溪氏。楚国继续与吴国作战，这次楚军大胜，阖闾便撤军回国。

　　吴王阖闾十一年（公元前504年），阖闾命太子夫差伐楚，占领了番邑，楚昭王害怕国都再次被吴军攻破，便将国都从郢迁到了都。

◉ 夫差不忘杀父之仇

吴王阖闾十九年（公元前 496 年）夏天，阖闾亲率大军攻打越国。面对比自己强大得多的吴军，越王勾践派遣敢死队挑战，敢死队的勇士在吴军面前高呼口号，然后自杀于阵前，越军连续三次这样做。吴军一时不明越军意图，稍稍放松了防备。勾践趁势率军发起攻击，大败吴军。

在这次战斗中，阖闾的脚趾被越军击伤，没多久便因伤重而死。

临死前，他对太子夫差说："你会忘记勾践杀死你父亲这个仇吗？"

夫差回答说："儿子不敢忘记！"

夫差继位后，任命大夫伯嚭为太宰，并加紧训练士兵，一心想要为父亲报仇。

吴王夫差二年（公元前 494 年），夫差率领国中精锐之兵与越军交战，大败越军。勾践只得带着仅剩的五千甲兵躲进会稽山，派大夫文种贿赂吴国太宰伯嚭，请求讲和，表示愿意交出国家大权，让越国做吴国的奴仆之国。

夫差准备答应越国的请求，伍子胥劝谏道："越王勾践为人吃苦耐劳，能忍辱负重，大王现在不借此时机彻底消灭越国，反而打算宽恕他们，不是为以后找麻烦吗？您将来一定会后悔的。"

吴王夫差不听伍子胥的话，而听取了伯嚭的意见，与越国讲和，而后撤军回国。

● 伍子胥的预言

夫差收服越国之后的第五年，听说齐景公过世后，齐国大臣们争权夺利，新立的国君因为年纪小而没有统治能力，导致国内政局动荡，于是准备兴兵攻打齐国。

伍子胥劝道："勾践失败后，生活简朴，关心百姓，吊唁死者，慰问病人，这是想有朝一日利用百姓伐吴报仇啊！勾践不除，一定会成为吴国的隐患。可是大王现在不想着除掉勾践，彻底灭亡越国，反倒要去攻打齐国，这不是大错特错了吗？"

夫差没有将伍子胥的劝告听进去，执意发兵攻打齐国，大败齐兵，威名大震，使得邹、鲁等国大为慑服，这之后，夫差就更加不听伍子胥的谋划了。

吴王夫差十一年（公元前485年），夫差又准备攻打齐国。勾践采用子贡的计谋，率众协助夫差作战，又给伯嚭进献了许多贵重的宝物。

伯嚭因为屡次接受越国的贿赂，便越来越信任和喜欢越国，从早到晚在吴王夫差面前替越国说好话。吴王夫差对伯嚭言听计从，因而对勾践也越来越信任。

伍子胥这次又劝谏道："越国是吴国的心腹之患，不把它彻底消灭，已经犯了大错，现在还偏偏听信他们的谎言，又贪图伐齐之功。然而，现在我国虽然战胜了齐国，但这好比得到了石头地，没有一点用处。而且《盘庚之诰》说，有人不恭顺，就把他们全部消灭，让他们断子绝孙，绝不允许他们在这块土地上种下祸根。这正是商朝兴盛的原因。希望大王能先解决越国，再讨论出兵齐国的事。不这样做，您一定会后悔的。"

◉ 夫差逼伍子胥自杀

伍子胥一心为吴国着想，吴王夫差却一句话也听不进去，为了耳根清净，夫差便派伍子胥出使齐国。

伍子胥的儿子与他一起去齐国，回吴国前，伍子胥对儿子说："我屡次劝谏大王，大王都不听从我的意见，眼看吴国很快就要灭亡了，你没必要为吴国陪葬。"于是，伍子胥把儿子托付给齐国的朋友鲍牧，自己回到吴国交差。

太宰伯嚭本就与伍子胥有嫌隙，一直想要除掉伍子胥，便抓住这次机会，在吴王夫差面前诋毁伍子胥说："伍子胥这个人喜欢猜疑，又容易嫉恨他人，他对大王的怨恨早晚会变成大祸。上次大王攻打齐国时，伍子胥原先不赞成，但最终大王大获成功。这本是举国欢庆的好事，伍子胥却因此怨恨大王。大王现在再次准备攻打齐国，伍子胥又拦阻大王，大王派他出使齐国，他却把自己的儿子托付给了齐国的鲍氏。伍子胥作为吴国的臣子，在国内不得意，便到国外去投靠诸侯。他自以为是先王的谋臣，根本没把大王放在眼里，这种不忠之人，大王应该及早采取措施。"

吴王夫差说："即使你不说这些话，我也早就在怀疑他了。"他随即派人给伍子胥送去一把宝剑让他自杀。

伍子胥仰天长叹道："啊！大王啊，这是奸臣伯嚭在作乱了，你反而要杀掉我。我曾经帮助你的父亲成为霸主；当你还没有被立为太子的时候，各公子争着要当太子，又是我在先王面前为你争取，最终使你立为太子。你做了大王后，说要把吴国的一部分土地送给我，我对此一点都不敢奢望。可你现在竟然听信奸臣的谗言，要杀你的长辈。"

接着，伍子胥告诉他的门客："我死了以后，你们一定要在我的坟上种上梓树，它长成后吴国就要灭亡了，把我的眼睛挖出来悬挂在东门上，我要亲眼看到越国怎样灭掉吴国。"说罢，伍子胥便用吴王夫差送来的剑自杀了。

吴王夫差听说伍子胥自杀前说的话后，大为愤怒，下令将伍子胥的尸体装在用皮革做的袋子里，让它在长江中漂浮。

吴国百姓敬重伍子胥，为他在长江边上建了祠堂，这个地方因此被称为胥山。

伍子胥死后，吴王夫差便起兵攻打齐国。这时，齐国贵族鲍氏杀了国君悼公而另立齐王，夫差打算以弑君之罪讨伐鲍氏，但没有打赢，只好撤军。

◉ 勾践灭吴国

吴王夫差十三年（公元前483年），夫差召鲁、卫两国国君到橐皋会盟，第二年春天，夫差又北上与各国诸侯相会于黄池，想以盟主的身份在诸侯中发号施令，称霸中原。这时，越王勾践乘机偷袭吴国，杀死了吴国太子。

吴国人向夫差报告这一消息，夫差害怕有人泄露消息，让会盟的诸侯听到，于是一连斩了七个前来报信之人，然而夫差最终还是没能当上盟主，只好领兵回国。由于夫差长期在外，士卒疲惫，无力与越国对战，于是夫差就派使者带上厚礼与越国媾和。

五年后，越发强大的越国再次攻打吴国，大败吴兵。吴王夫差二十三年（公元前 473 年）十一月，越国发兵再次攻打吴国，这次将吴国彻底打败。

越王勾践想把吴王夫差流放甬东，给他百户人家，让他住在那里。

吴王夫差摇头说："我老了，不能再侍奉越王。我后悔当初不听伍子胥的劝谏，才有了现在这个结果。"他说完就拔剑自刎了。

越王勾践灭掉了吴国，杀死了当时背叛吴国迎合越国的伯嚭，因为他不忠于自己的国君。

历史启示录

　　人一生，总得要有值得不惜一切坚持与守护的东西，责任也好，使命也罢，这样，我们才能够感到自己仍然活着。伍子胥显然是这方面的典范：他先是为报家仇，助阖闾登上国君之位，最终得偿所愿，后来尽心尽力辅佐吴王夫差，即便遭夫差疏远猜忌，他也不改初心，只为报阖闾之恩。

　　伍子胥重情重义，所以有仇必报，用尽心血保吴国，只是很多事情只能是尽人事听天命。伍子胥最后的悲剧，其实也预示了吴国的命运。

功成身退 | 范蠡和越王勾践的故事 |

● 范蠡的劝谏

越王勾践的祖先是夏禹的后裔，经过二十多代的传承，至越王允常在位时期，开疆拓土，越国才逐渐强盛起来。而它的邻国吴国，吴王阖闾也在向外扩张，

两国民风习俗相同，地理位置又紧密相连，允常、阖闾都要扩张领土，必然势不两立，因此，两国互有攻伐。允常去世后，儿子勾践即位。

越王勾践元年（公元前496年），吴王阖闾听说允常去世，认为有机可乘，就举兵攻打越国。在这次战役中，越军大败吴军，还射伤了吴王阖闾。阖闾在弥留之际对儿子夫差说："千万要记得是越国杀死了你的父亲。"

越王勾践三年（公元前494年），勾践听说吴王夫差日夜操练士兵，知道他迟早会报复越国，因而准备先起兵前去攻打吴国。

大夫范蠡劝谏说："我听说战争是违背道德的，而争着发动战争则是最下等的事。暗地里谋划战争，亲身去参与下等事，一定会遭到天帝的反对，这样做对越国是不利的。"

越王勾践说："我已经决定打这场仗了。"随即举兵进军吴国。

吴王夫差得知消息后，尽起精兵迎战越军，大败越军。越王勾践只聚拢起五千名残兵败将退守会稽山。夫差乘胜追击包围了会稽山。

◉ 勾践臣服吴国

越王对当初不听范蠡的话感到羞愧，他说："现在落到这个地步，我们该怎么办呢？"

范蠡回答说："想要保住功业，就需要效法天道，谦虚谨慎；想要扭转危局，就一定要懂得自己的短处；想要有所成就，就得根据具体情况，制定适宜的办法。现在我希望您对吴王毕恭毕敬，派人给吴王送去优厚的礼物，以求讲和。如果吴王不答应，您就亲自前往吴国，把自身抵押给吴国，做他的奴隶。"

勾践这次照做了。他派大夫文种去向吴国求和，文种跪在地上，边向前行边叩头说："大王的臣子勾践请您允许他做您的奴仆，允许他的妻子做您的侍妾。"

吴王夫差正要答应文种的请求，这时伍子胥劝谏吴王夫差说："大王打败越国，这是天帝把越国赏赐给吴国，大王不要听信勾践的话。"

文种回到越国后，将情况告诉了勾践。勾践想杀死妻子儿女，焚烧宝器，然后率领残军与吴军拼个鱼死网破。

文种劝道："吴国的太宰伯嚭非常贪婪，我们可以用重金贿赂他，请您允许我去吴国求见他。"

勾践同意了，便让文种给伯嚭献上美女珠宝玉器，伯嚭高兴地接受了，于是就劝吴王夫差说："勾践已经臣服了吴国，如果大王赦免了他，将能体现出您的宽宏大量。"

吴王夫差正要同意，伍子胥这时又劝谏夫差不能放过勾践。夫差不听伍子胥的谏言，赦免了越王勾践，然后撤军回国。

◉ 尝苦胆不忘耻辱

越王勾践回国后，不忘耻辱，把苦胆挂在座位上方，坐卧即能仰头一尝苦胆的滋味，吃饭时也不忘尝一尝。他还经常对自己说："你忘记会稽的耻辱了吗？"

这次失败让勾践改变了许多，他和百姓一样，下田耕作，他的妻子则亲手织布；吃饭从不吃荤菜，从不穿华丽的衣服，对待贤人彬彬有礼，对待宾客热情诚恳，还时时救济穷人，悼念死者。

勾践想让范蠡管理国家事务，范蠡回答说："在用兵打仗方面，文种不如我；在治理国家、安抚百姓方面，我不如文种。"

勾践于是在范蠡的建议下，把国家政务委托给大夫文种，而派范蠡和大夫柘稽到吴国做人质，两年后，吴国准许范蠡回国。

◉ 计然的富国策略

计然是个博学之人，经常遨游于山海湖泽，南游越国时，收范蠡为徒，与范蠡一起为勾践出谋划策。

计然善于从经济的角度来谈论治国方略。他对勾践说，种地，有丰收的年景，自然也有歉收的年景。有闹旱灾的时候，自然就有闹水灾的时候。闹旱灾时，要准备好船只，以应对将要出现的水灾；闹水灾的时候，就要准备好车辆，以应对将要出现的旱灾。这样做，就不会出现防备不及的事情。

他向勾践提出建议，粮食丰收固然是好事，但如果粮食的售价太低，农民的利益就会受到损害；如果粮食的售价过高，收购粮食的商人的利益就会受损。粮食的价格应该定在一个合理的范围内，这样农民和商人都能得利。稳定粮食价格的同时，还要平抑调整其他货物的物价，税收和市场供应都不缺乏，这便是治国之道。

计然还指出，存储货物，应当以货物的完好为基本标准。买卖货物时，容易腐败和腐蚀的货物要尽快卖出去，不要为了求得高价而冒险囤居；花些精力研究货物过剩或短缺的情况，就能懂得物价为什么涨跌。物价贵到极点的时候，就意味着会马上跌下来；物价贱到极点的时候，也意味着会很快上涨。当货物的价格贵到极点时，要将它视作粪土一样赶快卖出去；当货物的价格贱到极点时，要把它视同珠宝及时买入。货物和钱币的流通周转，要像水那样流动起来才有价值。

勾践照计然的策略来发展越国的经济，使越国一年比一年富有。

◉ 疲惫吴国之策

在范蠡等人的辅佐下，经过十年的励精图治，越国的国力越来越强盛，因此在这期间，勾践多次动了向吴国复仇的念头。

大夫逢同劝谏勾践说："越国才富裕没多久，这时候整顿军备，摆出进攻他国的架势，吴国一定戒备，它一戒备，越国的灾难必然降临。现在，吴王夫差与齐、晋等国争雄，我们可以趁此机会，与齐国、楚国、晋国这些吴国的敌对国发展友好关系，让三国攻打吴国，吴国一定疲于应付，趁它疲惫，越国便可以攻克它了。"

勾践采纳了逢同的建议。

◉ 杀死吴国太子

吴国这边，在攻打齐国这件事上，吴国重臣伍子胥始终与吴王夫差持相反的看法。伍子胥认为，彻底解决越国才是吴国当务之急，他希望夫差放弃攻打齐国，先伐越国。吴王夫差不听，出兵攻打齐国，大获全胜。

伍子胥后来说了这么一句话："大王不听我的话，三年后必定败亡！"

后来夫差又想攻打齐国，伍子胥又出来阻止。夫差听信太宰伯嚭谗言，派人赐给伍子胥一把剑让他自杀。

三年后，越王勾践问范蠡说："夫差杀死了伍子胥，吴国的朝堂上全都是阿谀奉承的人，我们可以攻打吴国了吗？"

范蠡很干脆地答复："不行。"

到了第二年春天，吴王夫差率兵北上，到晋国的黄池去大会诸侯，吴国的精兵全部跟随夫差而去，留守国都的都是些老弱残兵。

勾践又问范蠡这时是否可以进攻吴国，范蠡点点头说："可以了。"

于是勾践立刻派出大军攻打吴国，大败吴军，还杀死了吴国的太子。吴国使者赶快向夫差告急，吴王此时正在黄池与晋国争夺盟主之位，因此极力封锁消息，等他与诸侯订立盟约后，就派人去越国求和。越王勾践估计自己也不能一下子灭亡吴国，就与吴国讲和了。

⊙ 勾践成为霸主

过了几年，越王勾践又发兵攻打吴国。吴国的精锐士兵都在与齐、晋的争战中阵亡了，吴国因此军力疲弱。越国因此大败吴军，继而包围吴国都城三年之久，最后越军把吴王夫差围困在姑苏山上。

　　吴王夫差派人向越王勾践求饶，希望勾践可以像当年他赦免勾践那样赦免自己的罪过。勾践不忍心，打算同意吴王夫差的请求。范蠡这时说道："当年大王被吴国围困在会稽山，那是上天把越国赐给吴国，吴国却不要。现在是上天把吴国赐给越国，大王不能违背天意。再说大王您谋划伐吴已经二十二年了，难道是为了在今天放弃吗？难道大王忘记了这么多年来遭受的苦难了吗？"

　　勾践思量一番后，派人对吴王夫差说："我把您安置到甬东，让一百户人家侍奉您。"

　　吴王夫差推辞了，随即自杀身亡，自尽前，他用布遮住自己的面孔说："我没脸面见伍子胥啊！"

　　越王勾践灭亡了吴国后，就率兵北渡黄河，在中原与齐、晋等诸侯会盟，并向周王室进献贡品。周天子派人赏赐祭祀的肉给勾践，让他成为诸侯的霸主。

　　勾践渡过淮河南下回国时，把淮河流域送给了楚国，把吴国侵占宋国的土地归还给了宋国，把泗水以东方圆百里的土地给了鲁国。当时，越军在长江、淮河以东畅行无阻，各国诸侯都来庆贺，尊越王勾践为霸王。

◉ 范蠡急流勇退保命

　　范蠡侍奉越王勾践，为勾践运筹谋划二十多年，终于帮助勾践灭亡了吴国。勾践不忘范蠡的功劳，称霸后，就封范蠡做了上将军。

范蠡认为勾践的为人，可以同他共患难，不能与他同安乐，就写信向勾践辞别："我听说，君王要是有忧愁，做臣子的也要劳苦，君主要是受了屈辱，做臣子的就该去死。过去大王您在会稽山受辱，我之所以没有去死，是为了帮助您报仇雪恨。现在既然大仇得报，我就该为大王受辱一事领受死罪。"

勾践说："我会和你平分越国，你要是不接受，我才会加罪于你。"

范蠡说："您可以执行自己的命令，但我仍会依从自己的心意。"

范蠡于是离开了越王勾践，再没回来。他是从海上乘船离去的，之后来到了齐国。他与文种友情深厚，不忍文种被勾践杀害，于是派人从齐国给大夫文种送来一封信。范蠡在信中说：

"飞鸟没了，良弓就会被藏起来；狡兔死了，猎狗就只剩下被人烹食的命运。越王脖子长，嘴巴像鸟嘴，这种人只可以共患难，不可以共享乐，我劝你还是赶快离去吧。"

文种看过信后，便称病不再上朝。有人诬陷文种将要作乱，于是越王勾践就赐给文种一把剑，说："你教给我灭亡吴国七条计策，我只采用三条就打败了吴国，那四条还在你那里，你替我去先王面前试一下那四条吧。"

文种于是自杀身亡。

◉ 从鸱夷子皮到陶朱公

范蠡来到齐国后，更名改姓，自称"鸱夷子皮"，一家人在海边耕作，治理产业，没多久就积累起几十万的财产。

齐国国君听说他贤能，就请他做国相。

范蠡叹息道："住在家里就能积累千金财产，入朝做官就达到卿相高位，这是平民能达到的最高地位了。但长久享受尊贵的名号，并不是吉祥的事。"

于是他归还了相印，把自己家的家产全部送给好友及乡邻，带着家人悄悄地离开，到陶地住下来。他认为陶地是天下的中心，便于交易买卖，在这里经营生意可以发财致富。于是他又更改名字，自称陶朱公。他和儿子们在这里耕种畜牧，买进卖出都能抓住最好的时机，以获得十分之一的利润。没过多久，他又积累起数以亿计的财富。

◉ 到底派谁救次子

范蠡住在陶地时，生了个小儿子。小儿子成人后，范蠡的二儿子因为杀人，被楚国拘捕。范蠡说："杀人偿命，天经地义。不过我听说，有千金去打点，孩子是不会被杀的。"

于是他打算派小儿子去探望二儿子，同时打点好一千镒黄金，装在褐色的器具中，用一辆牛车载运，让小儿子带去楚国。小儿子正准备出发，范蠡的长子请求前往，范蠡没有同意。

长子说："家里的长子叫家督，现在弟弟犯了罪，您不派我去，却派小弟去，难道说我是不肖之子吗？"

长子想不通，便想自杀。

他的母亲说道："派小儿子去楚国，未必能救二儿子的命，现在什么都还没做，就先失去了大儿子，这可怎么办呢？"

范蠡只好派长子前去楚国。

他写了一封信，要大儿子带去楚国送给旧日的好友庄生，并对长子说："到了楚国后，你把千金送到庄生家，一切听从他的安排，千万不要与他发生争执。"

长子走时，也私自带了几百镒黄金。

◉ 庄生的计谋

长子到达楚国后，完全遵照父亲嘱咐的那样，来到庄生家，把黄金送给了他。

庄生说："你赶快离开楚国，等你弟弟释放后，也不要问原因。"

长子从庄生家出来后，没有听从他的话，私自留在了楚国，还把自己带的黄金送给楚国的一个贵人，想用自己的力量来救弟弟。

庄生虽然家境贫寒，但是由于为人廉洁正直，因此在楚国，从楚王以下无不尊重信任他，尊奉他为老师。

庄生并非有心收下范蠡送来的黄金，只是想事情办成之后再归还给他，以示信用。所以黄金送来后，庄生对妻子说："这是陶朱公送来的钱财，以后要如数归还，千万不要动用。"但陶朱公的长子不知庄生的用意，以为把黄金送给庄生这样的穷人不会有什么作用。

庄生入宫去见楚王，对他说："现在有颗星移到了某处，这会对楚国不利。"

楚王平时十分信任庄生，就问："我该怎么做呢？"

庄生说："只要大王实行仁政，楚国就可以免除灾害。"

楚王说："您不用多说了，我照办就是。"

楚王随后派使者将储藏钱财的仓库封了起来。

楚国的贵人把这件事告诉给了范蠡的长子，说："楚王将要实行大赦。"

长子问："怎么见得呢？"

贵人说："楚王每次大赦时，怕有人趁机作乱，都会先派人封起钱库，而昨天晚上，楚王已派使者查封钱库了。"

范蠡的长子认为既然楚王要大赦，弟弟自然就可以释放了，而一千镒黄金给了庄生，他却没有发挥作用，这钱必须讨回来，于是他又去见庄生。

庄生看到范蠡的长子，大吃一惊，问道："你怎么没走？"

长子说："我根本就没离开楚国。当初我为弟弟一事来，现在楚国要大赦，弟弟就要放出来了，所以我特意来向先生您告辞。"

庄生知道他的意思是想拿回黄金，便说："你自己到房间里去取黄金吧。"

范蠡的长子便入室取走了黄金，暗自庆幸黄金失而复得。

◉ 盼来的竟是儿子的尸体

庄生被晚辈戏弄，非常生气，就又入宫去见楚王，说："我上次所说的有颗星移到了某处的事，大王说要实行仁政来回报它，因此准备大赦。我今天在外面听路人说，富翁陶朱公的儿子杀人后被楚国抓捕，他家派人拿出很多财物贿赂大王身边的人，因此大王才大赦，而不是体恤楚国百姓。"

楚王听后大怒，说道："我虽然是个无德的人，却也不会因为陶朱公的儿子而进行大赦！"

楚王当场下令先杀掉范蠡的儿子，第二天才下达大赦的诏令。范蠡的长子回家时，不仅带回去了送给庄生的黄金，还有弟弟的尸体。

回到家后，母亲和邻居们都非常悲痛，范蠡苦笑道："我就知道长子一定救不了他的弟弟。他不是不爱自己的弟弟，只是不舍得花钱。他很小的时候就与我一起辛苦劳作，知道生活的艰难，所以把财物看得很重，不敢轻易花钱。而小儿子一生下来就见到我十分富有，乘车驾马，郊游打猎，根本不知道钱是从哪里来的，也就不在乎怎么花钱。因此我才打算让小儿子去，结果长子去了，最终害死了自己的弟弟，这符合世间的道理，用不着悲痛。我日日夜夜盼的，本来就是二儿子的尸体。"

历史启示录

每个人的所作所为，都跟他自身的价值追求和所处环境有关。越王勾践有隐忍不发的意志力和强国复仇的行动力，身为一国之君，他注定不是一个弱者，不是一个苟活于世的人，更不是轻易放弃希望的人。

在范蠡眼里，勾践是只能共患难，不能共享乐的人，这与其说是勾践最大的缺点，不如说这是权力拥有者所共有的一个毛病，只是勾践在这点上更为突出罢了。总的说来，勾践是一个对自己狠、对别人绝的君王。

生前身后名　|吴起的故事|

◉ 吴起奔魏

　　吴起是卫国人，出生在一个积蓄足有千金的富裕家庭。年轻的时候，吴起为了求官，到处奔走，结果把家产用尽也没有得到一官半职。同乡人讥笑他，他一气之下杀掉了同乡十多人，然后就跑了。

　　逃离卫国后，吴起拜孔子的弟子曾参的儿子曾申为师，学习儒家学说。不久，他的母亲去世，吴起没有回去奔丧守孝，这违反了儒家的原则，曾申于是跟吴起断绝了师生关系。此后，吴起放弃儒学而学习兵法，侍奉鲁国国君。

　　齐国攻打鲁国，鲁国国君想任用吴起为将军，可是吴起的妻子是齐国人，鲁国国君因而怀疑他对鲁国的忠诚。吴起渴望功名，就杀了自己的妻子，以此表明他的忠心。鲁国国君便任命吴起为将军，率军大败齐军。

　　鲁国国君打算重用吴起，嫉妒吴起的人便在国君面前诋毁他说："吴起这个人很残忍。国君怀疑他，吴起便杀妻求将。鲁国

是个小国，现在因为打败了齐国而有了战胜国的名声，那么诸侯
们就会因为觉得鲁国将对他们不利而算计鲁国。再说鲁国和卫国
是兄弟国家，国君要是重用吴起，就等于抛弃了卫国。"鲁国国

君因此疏远了吴起。

吴起听说魏文侯贤明，便来到魏国，想要一展平生所学。

◉ 爱兵如子

魏文侯听说吴起来投，就问大臣李克："吴起这个人怎么样啊？"

李克回答说："吴起贪恋名誉又爱好女色，不过论起带兵打仗，就是司马穰苴也超不过他。"

魏文侯便任用他做了魏军的主将。吴起带兵攻打秦国，夺取了五座城池。

吴起做主将，对待士兵就像对待自己的亲人一样。

他跟最低阶的士兵穿相同的衣服，吃相同的食物，睡觉不铺垫褥，行军不骑马，亲自背负粮食，与士兵们同甘共苦。

有个士兵长了疮，吴起亲自为他吸吮脓液。士兵的母亲听说后，放声大哭。

有人就跟她说："你儿子只是个无名小卒，将军却亲自替他吸吮脓液，你应该感到光荣啊，怎么还哭了呢？"

士兵的母亲说："你不知道啊，当年吴将军也亲自替我儿子的父亲吸吮过毒疮，为了报答吴将军，他父亲在战场上勇往直前，最后死在了敌人手里。如今吴将军又为我的儿子吸吮毒疮，我不知道他又会在什么时候死去，所以我才哭啊。"

⊙ 在德不在险

魏文侯因为吴起善于用兵打仗，待人公平，廉洁不贪，能获得所有将士的欢心，就任命他担任西河郡的郡守，以对抗秦国和韩国。

魏文侯去世后，吴起继续侍奉他的儿子魏武侯。

魏武侯继位没有多久，有一次与吴起一起乘船，沿着黄河顺流而下。途中，魏武侯对吴起说："我们魏国的山川是如此的险要、壮美，这是难得的瑰宝啊！"

吴起回答说："国家社稷的稳固，在于施德政于百姓，而不在于地理形势的险要。从前三苗氏左边有洞庭湖，右边有彭蠡泽，因为他不修德行，不讲信义，所以夏禹很容易就灭了他。夏桀的领土，左边是黄河、济水，右边是泰山、华山，南边是伊阙山，北边是羊肠坂，因为他不施仁政，所以就被商汤放逐了。殷纣的领土，左边是孟门山，右边是太行山，北边是常山，南边是黄河，因为他不施仁德，最后被武王杀了。从这些事例来看，国家社稷的稳固，在于给百姓施与恩德，不在于地理形势的险要。如果大王您不施恩德，跟您同乘一条船的这些人也会成为您的仇敌啊！"

魏武侯听后，点点头说："你说得很对。"

⊙ 投向楚国

吴起做西河郡郡守，获得了很高的名望，这时，魏国设置相位，任命孟尝君田文为相国。

吴起认为应该由自己来做相国，因此很不高兴，便对田文说："让我跟您比比功劳，可以吗？"

田文说："可以。"

吴起说："统领三军，让士兵愿意为国死战，让敌国不敢进犯魏国，您和我，谁厉害？"

田文说："我不如您。"

吴起说："管理文武百官，充实府库，您和我，谁厉害？"

田文说："我不如您。"

吴起说："防守西河，让秦国的军队不敢向东侵犯，韩国、赵国都服从归顺，您和我，谁厉害？"

田文说："我不如您。"

吴起说："这三方面您都不如我，而您的职位却在我之上，这是什么道理呢？"

田文说："国君还年轻，大臣不顺从，百姓不信任，处在这个关键时刻，是该把政事托付给您，还是托付给我呢？"

吴起沉默良久，然后说："应该托付给您。"

田文说："这就是我的职位比您高的原因啊。"

吴起这才意识到自己有所欠缺，确实不宜担任相国。

田文死后，公叔出任相国，并娶了魏武侯的女儿。

公叔很畏忌吴起，担心吴起哪天会取代自己，为了保住相位，公叔便想害吴起。

公叔有个仆人对他说："吴起是很容易除掉的。"

公叔文："那要怎么办？"

仆人说："吴起这人有节操而又喜好名誉，您可以向大王说：'吴起是个贤明的人，我们魏国属于侯爵一级的小国，国土狭小，还和强大的秦国接壤，我担心吴起不会长期留在魏国。'大王听您这么一说，必然要问：'那怎么办呢？'您就乘机对大王说：'大王不妨用下嫁公主的办法试探吴起，如果吴起打算长期留在魏国，就一定会答应娶公主，如果没有长期留下来的打算，就一定会推辞。用这个办法就能够试探他的心志。'然后您把吴起请到您府上，故意让您的公主夫人对您发脾气，藐视您，吴起见公主这样对您，他想到自己也会遭到轻贱，就一定不会娶公主。"

公叔依计行事。

吴起看见公主轻慢公叔，果然婉言谢绝了魏武侯下嫁公主的好意。魏武侯因而怀疑吴起，不再信任他。

吴起害怕魏武侯降罪，于是离开魏国去了楚国。

◉ 惨遭杀害

楚悼王早就听说吴起很有才能，于是吴起刚到楚国，楚悼王就任命他为相国。

吴起制定明确的律法，依法办事，裁减无关紧要的冗员，停止对旁系王族的供给，用来加强军事力量，斥退那些往来奔走的游说之客。

经过吴起的一番治理，楚国国力有了很大的提升。吴起向南平定了百越；向北吞并了陈国和蔡国，打退了韩、赵、魏三国的进攻；又向西攻打了秦国。

各诸侯国对楚国的强大感到害怕，而被吴起停止供给的那些旁系王族都想除掉吴起。

等到楚悼王一死，楚国的宗室大臣作乱，追杀吴起。吴起逃到楚悼王停尸的地方，趴在楚悼王的遗体上。

那帮追杀吴起的人用箭射杀了吴起，同时也射中了楚悼王的遗体。

楚悼王安葬停当后，太子继位。他下令处死那些射杀吴起同时射中楚悼王遗体的人，因为这件事而被灭族的宗室有七十多家。

历史启示录

吴起精通儒学和兵法，是个不可多得的人才，却为了功名杀害自己的妻子，母亲去世也不回家奔丧守孝。他爱兵如子，然而他对士兵的好却让士兵的母亲感到恐惧。吴起最后的辉煌是在楚国，他在楚国实行变法，使楚国国力有了很大的提升。他能了却君王天下事，却不能为自己谋划身后事，这是吴起的悲哀，也是时代的悲哀。

善于雄辩的干才 　子贡的故事

◉ 治国安邦的人才

端木赐，字子贡，是孔子的弟子，比孔子小三十一岁。

子贡能言善辩，孔子常常在他辩论的时候贬低他，这是为了不让他太骄傲。

子贡也有自知之明，孔子问他说："你和颜回比，谁更优秀？"

子贡回答说："我不敢跟颜回相比。颜回只要听到一个道理，就能够从中推导出十个道理，我听到一个道理，只能从中推导出两个道理。"

子贡在孔子门下完成学业以后，想听听孔子如何评价自己，便问道："我是什么样的人？"

孔子说："你像个器物。"

子贡说："什么样的器物？"

孔子说："瑚琏。"

瑚琏是宗庙里的礼器。孔子将子贡比作瑚琏，意思是说他是个治国安邦的人才。

齐国的田常想要叛乱，又害怕高氏、国氏、鲍氏、晏氏的势力，于是调他们的军队去攻打鲁国。

孔子听说这件事后，对弟子们说："鲁国是祖宗坟墓所在的地方，也是我们出生的国家。现在我们的祖国有了难，你们为什么不挺身而出呢？"

子路请求前去，孔子制止了他。接着子张、子石请求前去，孔子也没有答应。

当子贡提出请求后，孔子立刻答应他。

在孔子看来，只有子贡能顺利完成任务。

◉ 说服田常

子贡来到齐国，游说田常："您不应该攻打鲁国。鲁国是个很难攻打的国家：它的城墙单薄矮小，它的护城河狭窄低浅，它的国君愚昧残忍，它的大臣虚伪无用，它的士兵和百姓又讨厌打仗。这样的国家不可以和它交战。您不如去攻打吴国：吴国的城墙高大厚实，护城河宽阔且深，铠甲崭新坚固，士兵们都是经过精心挑选的，每个人都精神饱满，珍贵的宝物、精锐的军队都在那里，还有英明的大臣守卫着它。这样的国家是比较容易攻打的。"

田常听完子贡的话，顿时火冒三丈，说："你认为很难攻打的，别人认为容易攻打；你认为容易攻打的，别人认为很难攻打。你说这些话到底有什么用意？"

子贡说："我听说，忧患在国内的，就要去攻打强大的国家；忧患在国外的，就要去攻打弱小的国家。现在您的忧患在国内。我听说您本来有很多次被授封的机会，之所以没能封成，是因为朝中大臣反对。现在您准备去攻打鲁国，扩充齐国的疆域，如果打赢了，你的国君只会更骄纵，大臣们只会更尊贵，而您的功劳却不会算在其中，这样一来，您和国君的关系就会一天天地疏远。对上，您让国君越发骄纵；对下，您使大臣们越发放纵。您如果想要靠着攻打鲁国成就大业，实在太困难了。"

子贡继续说道："国君骄纵就会无所顾忌，大臣放纵就会争权夺利。对上，您与国君产生了嫌隙；对下，您又和大臣们相互争权。这样一来，您的处境就危险了。所以我才说您不如攻打吴国。假如不能打赢吴国，百姓死在国外，大臣们都去领兵作战了，国内势必空虚。这样的话，既没有了与您对抗的强臣，也没有了为难您的百姓。孤立国君、控制齐国的，就只有您了。"

听了子贡的一番分析，田常说："你说得对，可是我的军队已经前去攻打开鲁国了，要是现在从鲁国撤军去攻打吴国，大臣们怕是会怀疑我，这怎么办？"

子贡说："请您暂时不要进攻，让我为您出使吴国，让吴王发兵援助鲁国，您再趁机出兵攻打它。"

田常于是派子贡去见吴王。

◉ 说服吴王

子贡来到吴国，见到吴王夫差后，说："我听说施行王道的人不能让诸侯属国灭亡，施行霸道的人不会让另外的强敌出现，在重物上就算加上轻微的分量，也可能让它产生移位。如今，齐国这样一个大国，想独自占有鲁国这样一个小国，目的是要跟吴国来争个高下，我真替大王感到担心啊。大王要是去援救鲁国，不仅可以惩治凶暴的齐国，安抚泗水以北的各诸侯国，还可以用

来镇服强大的晋国。没有比这样做获利更大的了。名义上您是为了援救鲁国，其实是阻止了齐国的扩张。聪明人是不会错过这样的机会的。"

吴王认同子贡的分析，但他说要等到攻打越国后，再按子贡的建议去援救鲁国。

子贡说："越国没有鲁国厉害，吴国没有齐国强大，大王把齐国放在一边，而去攻打越国，到那时齐国早已经攻占鲁国了。再说大王现在正以拯救灭亡之国、存续断嗣之国的名义自居，却去攻打弱小的越国，而畏惧强大的齐国，这不是勇敢的表现啊。勇敢的人不回避艰难，仁慈的人不让别人陷入困境，聪明的人不会错过时机，施行王道的人不会让一个国家灭亡。他们都是凭借这些来树立自己的道义。现在保存越国，可以向各国诸侯显示您的仁德，援救鲁国，攻打齐国，可以镇服晋国，诸侯们一定都会来吴国朝见大王，大王您称霸天下的大业就成功了。"

子贡最后说："大王如果担心越国有什么举动，那就让我去见越王，让他派出军队追随您。名义上是与您一起去讨伐齐国，实际上是为了让越国兵力空虚。"

吴王答应了，便派子贡到越国去。

◉ 子贡的策略

子贡来到越国，越王勾践命人清扫道路，亲自到郊外迎接子贡，然后亲自驾车将子贡送到下榻的馆舍。

越王说："我的国家偏远落后，您怎么屈尊到这里来了？"

子贡说："我劝说吴王出兵援救鲁国，攻打齐国，他也想要这么做，却因为越国，对我说：'等我攻打越国之后再这么做。'这样说来，吴国是一定会攻打越国的。没有报复人的想法，却让人怀疑，就太蠢笨了；要是有报复人的想法，又让人知道，就不安全了；事情还没有开始就先叫人知晓，太危险了。这三种情况是做事情最大的祸患。"

越王听完，向子贡磕了两个头，然后说："我曾不自量力，和吴国交战，被围困在会稽山，因此我对吴国恨之入骨，每一天都唇焦舌燥，就想着要和吴王拼命，这是我的愿望。"

然后，越王问子贡自己该怎么做。

子贡说："大王现在要做的，就是出兵追随吴王，迎合他的想法，送上重金宝物获取他的欢心，然后用谦卑的言辞表示对他的礼敬，那么他一定会去攻打齐国。如果吴王没打赢齐国，那就是大王您的福气了。如果吴王打赢了，他一定会带兵逼近晋国。请大王让我去见晋国国君，让他一起攻打吴国，这样一定可以削弱吴国的实力。等他们的精锐部队全都消耗在齐国，重兵又被晋国牵制，大王就可以趁机攻打它，这样一定能消灭吴国。"

越王听后很高兴，愿意听从子贡的建议。

他送给子贡黄金百镒、宝剑一把以及良矛二支。子贡没有接受就离开了。

子贡回到吴国，对吴王说："我把大王的话都告诉了越王，越王非常害怕，说：'我很不幸，从小就失去了父亲，又不自量力，触犯了吴国，军队被打败，自己受困在会稽山上，整个国家因此成了废墟。全仰仗大王的恩赐，让我能够继续祭祀祖宗，大王的恩德我死也不敢忘记，怎么可能还有其他的打算啊！"

五天后，越王派大夫文种来到吴国，觐见吴王说："东海勾践派使者文种向大王问候。原话是这样说的：'我听说大王将要大举正义之师，讨伐强权，扶持弱小，压制残暴的齐国，安抚周朝王室。我请求出动三千越国士兵随从您出征，我将披挂铠甲，手持锐利的武器，在前面为您抵挡箭石。因此我派越国卑贱的臣子文种献上二十件铠甲以及屈卢矛和步光剑，这些都是我的祖先珍藏的宝器。'"

吴王听了很高兴，就把文种转来的话告诉子贡，接着问他："越王想亲自跟随我去攻打齐国，您觉得可以吗？"

子贡说："不可以。让别人的国家内部空虚，只需要调动别国的军队，如果还要叫别国的国君跟着去打仗，这是不仁义的。您可以接受越王的礼物，允许他派出军队跟随您，谢绝他随行。"

吴王于是谢绝了越王跟随的请求。

很快，吴王就调动了九个郡的兵力去攻打齐国。

这时候，子贡离开了吴国来到晋国。

他对晋国国君说："我听说，如果事前不谋划周全，就没办法应付突然的变化；不事先治理好军队，就没办法打赢敌人。现在齐国和吴国马上就要打仗了：如果吴国打不赢，越国就会趁机扰乱吴国；要是吴国打赢了，吴王一定会带领他的军队向晋国逼近。"

晋国国君非常恐慌，急忙问道："那该怎么办呢？"

子贡回答说："整军备战。"

晋国国君照他的话做了。

◉ 各国形势发生变化

吴王率领大军和齐国人在艾陵大战，把齐军打得大败，俘虏了七个将军的军队。

打败齐军后，吴王不肯班师回国，而是带着军队直逼晋国，和晋国的军队在黄池相遇。

晋军向吴国发起进攻，大败吴军。

越王听到吴军惨败的消息，就渡过江去袭击吴国，一直打到吴国都城外七里的地方才停下来安营扎寨。

吴王得知这个消息，立刻率军返回吴国，与越国的军队在五湖一带作战。吴王没能打赢，最后连城门都没有守住。

越军包围了吴国的王宫，吴王夫差自刎。

灭掉吴国三年后，越国称霸于东方。

子贡这一出行，让鲁国得到了保全，让齐国因为兵败而发生混乱，让吴国被灭，让晋国强大，让越国称霸。

子贡这一次出使，使各国形势都发生了相应变化。

历史启示录

孔子把子贡比作瑚琏，认为他是一个治国安邦的人才。当鲁国有难，孔子只同意子贡去救，是对他寄予厚望。子贡最终也不负孔子所托，凭着一张嘴，"存鲁、乱齐、破吴、强晋而霸越"，使五个国家深受影响，搅动了春秋末期诸侯国间的平衡，真是让人佩服得五体投地。

功成身败 | 商鞅的故事 |

◉ 魏惠王不用商鞅

公孙鞅，是卫国国君与姬妾所生的公子，他在秦国实行变法，改变了秦国积贫积弱的状态，秦孝公便将商於十五座城邑赏赐给他，号为商君，所以历史上他被称为商鞅。

商鞅年少时，很喜欢研究刑名法术之学，后来侍奉魏国相国公叔座，在他手下做中庶子。公叔座知道他很有才干，但还没来得及向魏王举荐商鞅，就生病了。

魏惠王亲自去看望他，问他："您要是有个三长两短，谁可以担当相国呢？"

公叔座知道自己将不久于人世，这次是唯一能向魏王举荐商鞅的机会，便回答说："我府里的中庶子，虽然年轻，但身怀奇才，希望大王能把国政全部交给他。"

魏惠王听后没说话。

没一会儿，魏惠王将要离去，公叔座屏退一旁的侍从，对他说："大王如果不任用中庶子，就一定要杀了他，以免将来对国家不利。"

魏惠王答应了他的要求，然后就走了。

公叔座招来商鞅，告诉他："刚才大王询问可以担任相国的人选，我推举了你，看大王的表情，不赞成我的提议。我为官的原则是，人在朝堂，理应先忠于国君再考虑臣子的立场，便对大王说如果不任用你，就杀了你，你赶快逃走吧，否则大王会马上派人把你抓起来。"

商鞅说："大王既然没有采纳您的建议任用我，也就不会采纳您的建议杀了我。"所以商鞅没有离去。

魏惠王走出公叔座家后，对身边的人说："公叔座病得那么重，这的确教人悲伤，但他想让我把国政交付给他的中庶子，这不是太荒唐了吗？"

◉ 商鞅说动秦孝公

此时远在西陲的秦国，二十一岁的秦孝公刚刚即位。

秦国从秦穆公以后，就一直在走下坡路，两百五十多年间没有一点进步，被中原各国瞧不起。

秦孝公年轻气盛，想要做出一番事业来，重振穆公时代的辉煌，于是颁布了求贤令，说："天下能人异士如果能进献奇计，使秦国强大，我将封以高官，分给土地。"

商鞅听说秦孝公下令寻求贤才，准备重建秦穆公的霸业，认为这是自己一展所学的大好机会，于是立刻动身来到秦国，通过秦孝公的宠臣景监见到了孝公。

秦孝公与商鞅交谈了很长时间，对他说的内容不感兴趣，因此常常打瞌睡。

事后孝公很生气，责备景监说："你的那位朋友是个无知狂妄之徒，这种人哪里配任用呢！"

景监因此责怪商鞅。

商鞅说："我用古时圣人理想的帝王治国之道来说服大王，可他没有领会我真正的意思。"

五天后，商鞅又要求见孝公。这次，商鞅大讲仁义道德治理天下的方法，还是不合孝公的心意。事后，孝公又责备景监，景监也因此责备商鞅。

商鞅说："求您再让大王召见我一次。"

商鞅于是再一次觐见秦孝公，孝公认为他这次说的话让自己很满意，便对景监说："你的那位朋友很不错，我可以好好同他谈谈了。"

景监将孝公的话转达给商鞅，商鞅说："这次我用武力、刑法、权势等治国方法来说服大王，看样子他是准备采纳了。如果大王再召见我，我知道该说什么了。"

这之后没多久，商鞅又觐见孝公，孝公跟他谈得非常投机，谈了好几天都不觉得厌倦。

景监很奇怪，问道："大王高兴极了，你用什么说动了他？"

商鞅回答说："我用富国强兵的办法说服大王，他才这么高兴。不过这样一来，秦国也就不会有殷、周一样的德行了。"

◉ 秦廷变法之争

秦孝公很快任用商鞅，打算改革秦国已有的制度，又担心国内议论纷纷，影响政局的稳定。

商鞅说："行动缓慢，就做不出名堂；做事犹豫，就绝对不会成功。那些有过人举动的人，本来就会被世俗非议；有独到见识的人，一定会被普通人嘲笑。愚蠢的人对做成的事情都无法理解，聪明的人却可以预见还没有发生的事情；只能和百姓分享成功的快乐，但不能和他们谋划事业；探讨最高道德的人不附和世俗的看法，成就伟大功绩的人不会与一般人共谋。所以说，只要能使国家繁荣富强，就没必要沿用旧的制度；只要对百姓有利，就不必遵循旧的礼制。"

秦国老臣甘龙持反对意见，他说："圣人不会强行改变民俗而实施教化，有智慧的人不会强行改变现有制度而去治理国家。顺应民风民俗而实施教化，不费力就会成功，沿袭成法而治理国家，官吏习惯而百姓安定。"

商鞅反驳说："甘龙所说的话，是世俗庸人的言论。普通人安于旧有的习惯，读书人局限于书本上的知识。这两种人奉公守法还可以，但不能和他们谈论国家的改革。三代的制度不同，都能统一天下；当年的五霸，法制不一，也都能成就霸业。聪明的人制定法度，愚蠢的人受制于法度；贤能的人变更礼制，无能的人拘泥旧礼。"

与甘龙同为秦国守旧派代表人物的杜挚这时说道："没有百倍的利益，不能改变国家制度；没有十倍的功效，不能更换旧有器具。按照成法办事不会有错失，遵循旧礼不会出现偏差。"

商鞅说："治理国家不只一条道路，有利于国家就没必要按照成法办事，所以商汤、周武不沿袭旧有的法度而缔造王业，夏桀、商纣不变更旧礼而导致灭亡。违反旧法的不应该否定，而沿袭旧礼的不值得赞美。"

秦孝公很赞同商鞅的说法，于是任命商鞅为左庶长，在秦国实行第一次变法。

◉ 商鞅第一次变法

商鞅下令百姓五家为伍，十家为什，相互监视，实行连坐。有谁作奸犯科而没有向官府告发的，处以腰斩的刑法，而告发奸恶者，官府则给予他与斩获敌人首级相同的赏赐。如果谁藏匿罪犯，官府会给予他和投降敌人相同的惩罚。这个法律叫作"什伍连坐法"。

商鞅下令改革户籍制度，推行小户制，要求百姓家中有两个成年男子的，应该分家，否则，官府将加倍征收他们的人口税。

商鞅还制定了奖励军功的法律，他建立二十等爵制，有军功的人按标准升爵受赏；同时废除世卿世禄制度，规定宗室没有获得军功的，不得载入宗室名册。

占有田地住宅多寡、奴婢人数、服饰颜色，也按照各家的爵位等级享用。有军功的人，地位显赫，受人尊崇；没有军功的人，再怎么富有，也没有丝毫的荣耀。

秦人因长期与戎人杂处，个性好勇斗狠，私斗成风。这不仅破坏了社会稳定，而且造成了严重的内耗。商鞅下令严禁私斗，为私事斗殴的，按情节轻重分别处以大小不同的刑罚。

商鞅奖励军功，严禁私斗，是在引导秦人树立杀敌光荣、私斗可耻的全新价值观。

商鞅认为发达的农业和充足的粮食储备是强国的首要条件，因此推行了一系列重农抑商政策。对努力从事农业和纺织生产，让粮食丰收、布帛增产的人，官府免除他的赋税徭役。从事商业及因懒惰而导致贫穷的人，官府会把他们的妻子儿女全都抓起来做奴隶。

⊙ 徙木立信

新的法律制定完毕后，为了取信于民，商鞅没有马上公布法令，而是在国都的市场南门竖起一根三丈长的木头，招募百姓，谁能把木头搬到北门，就赏给十金。

搬一根木头就能得到这么重的奖赏，百姓不相信有这种好事，没有人搬移木头。于是商鞅又宣布，谁能把木头搬到北门，赏五十金。这时，有一个人出来将木头搬到了北门，商鞅立刻给了他五十金。

商鞅用这个办法，取得了百姓信任，然后颁布了新法。

⊙ 服从新法，却不能议法

新法在民间实行了一年，秦国百姓到国都来说新法不方便生活的人数以千计，要求停止推行新法。这个时候，太子触犯了法令。

商鞅说："新的法令不能很好地实行，是由于位高权重之人会触犯法令。"

　　他准备依法惩处太子，但考虑太子是国君的继承人，便惩罚了太子的老师公子虔，并对太子的另一个老师公孙贾施以黥刑。

　　这件事之后，秦国百姓都服从新法了。

新法实行了十年，秦国百姓都很高兴，路上再没人捡拾别人遗落的东西为己有，山林里也没有了盗贼，家家富裕，每个人都非常满足。百姓勇于为国家打仗，不愿为私利争斗，城镇、乡村社会秩序安定。

当初说新法不方便生活的百姓，这时又来说法令很方便，秦孝公很高兴，商鞅却对他说："这些都是扰乱教化的人。"随后把他们全部迁到边疆去。此后，再也没人敢议论新法了。

◉ 商鞅第二次变法

三家分晋后，魏国建都安邑，经魏文侯、魏武侯两代人的努力，国家日益富强，成为战国前期的霸主。

为了向西发展，魏国夺取了秦国东部的河西之地。围绕着河西之地，秦国和魏国展开了长期的较量，却始终没有夺回失地。

商鞅的第一次变法，使秦国国力提升不少，秦孝公急欲夺回失地，便在秦孝公八年（公元前354年），发兵攻打魏国，两军在元里交战，秦军获得胜利。

两年后，秦穆公任命商鞅为大良造，命他率领军队攻打魏国都城安邑，迫使他们投降。

三年后，秦孝公命商鞅在咸阳大兴土木建造宫阙，随后将国都由雍地迁到咸阳。

商鞅下令在秦国实行第二次变法。

这次变法的主要内容包括：禁止父子兄弟同居一室养育后代；

把零星的乡镇村庄合并成三十一个县，设置县令、县丞；废除井田，重新划分田埂的界线，鼓励百姓开垦荒地，允许土地私有及买卖；统一全国的度量衡。

第二次变法实行了四年，公子虔犯法，被处以劓刑，也就是割去鼻子。

五年后，秦国国富兵强，周天子把祭肉赐给秦孝公，诸侯们都来祝贺。

◉ 魏惠王的后悔之言

齐军在马陵打败魏军，俘虏魏太子申，杀死将军庞涓一年后，商鞅对秦孝公进言道："秦国与魏国，就像是人得了心腹之病，不是魏国吞并秦国，就是秦国吞并魏国。为什么会这样呢？是因为魏国与秦国以黄河为界，独占崤山以东的地利，情况有利时就向西侵略秦国，情况不好就向东扩展地盘。如今大王圣明，秦国强盛。而魏国去年被齐军打得大败，我们可以趁这个机会攻打魏国。魏国抵挡不住秦军，必定将国都迁移到东边。魏都东迁后，秦国占据黄河、华山的天险，向东可以控制诸侯，这是成就千秋大业的好时机啊。"

秦孝公听从商鞅的建议，派他领兵攻打魏国。魏王派公子卬领兵迎战秦军。

商鞅写信给公子卬说："我与公子是多年的朋友，当初相处得很快乐，如今你我成了两国之将，不忍心互相攻伐，是否可以同公子会面，订立盟约，痛痛快快地喝上几杯，然后各自撤兵，以安定秦国和魏国。"

公子昂同意与商鞅会面。

两人会盟结束，商鞅设宴饮酒，这时，商鞅事先埋伏下的士兵突然袭击并俘虏了公子昂。而后秦军打败魏国军队，押着公子昂返回秦国。

魏国军队多次被齐国、秦国打败，国力日渐衰落，魏惠王非常害怕，就派使者去秦国求和，愿意割让河西地区作为求和的条件。为了避开秦国的锋芒，魏惠王将国都从安邑迁往大梁。

面对此情此景，魏惠王无奈地说："我真后悔啊，当初没采纳公叔座的意见。"

商鞅打败魏军回来后，秦孝公封给了他商於之地十五个城邑，封号为商君。

◉ 赵良论商鞅必亡

商鞅出任秦相十余年，两次变法，使秦国迅速强大起来，为秦国取得霸业奠定了坚实的基础，但也因此损害了权贵的利益，遭到许多宗室贵族的怨恨。

秦国人赵良看到商鞅对自己的危险处境浑然不觉，便通过商鞅的心腹孟兰皋的介绍，见到了商鞅。

赵良希望商鞅不要贪恋权位和名声，及时脱身，自己找一偏僻之处隐居起来，这样做或许还能安然地度过余生。

商鞅说："您不高兴我对秦国的治理吗？"

赵良说："虞舜说过，谦虚的人受人尊重。您不如遵循虞舜的主张去做，没必要问我。"

商鞅说："当初，秦国的习俗和西戎一样，男女老少住在一个房间。现在我改变了这种习俗，使他们男女有别，分居而住。我还大造宫廷城阙，把秦国的新国都建造得跟鲁国、卫国一样。您看我治理秦国与穆公时期的五羖大夫相比，谁更贤能呢？"

赵良说："一千张羊皮，不如一领狐腋皮贵重，一千个人随声附和，不如一个人正义直言。周武王允许大臣们直言谏诤，国家因而昌盛，商纣王不许大臣进言，所以灭亡。您如果认为武王的做法是正确的，那么我便请求您允许我实话实说而不受责备，可以吗？"

商鞅说："人们常说，动听的话好比花朵，真实诚恳的话好比果实，听来逆耳的话是治病的良药，献媚奉承的话则是疾病。您如果愿意直言，那就是我治病的良药。我将拜您为师，您又何必推辞呢？"

赵良这才说："五羖大夫本来只是楚国的乡下人，听说穆公贤明，就来拜见，可没有盘缠，便将自己卖给秦国客商，身穿粗麻做的衣服喂牛。一年后，穆公知道了这件事，便提拔他，让他凌驾于百姓之上，而秦国没有人对此不满。

"他担任秦相六七年，向东讨伐过郑国，三次拥立晋国的国君，一次出兵救援楚国。他在国内施行德化，连巴国人都前来纳贡；他还对诸侯施与仁德，四方少数民族都前来朝见。由余听说后，便前来投奔。五羖大夫当秦国的相国，再怎么劳累也不坐安车，再怎么炎热也不打伞盖，在国内巡行时，不需要车辆随行，也不需要军队护卫。他的功名载于史册，藏于府库，他的德行施教流传于后代。五羖大夫死时，秦国所有人都痛哭流涕，这就是五羖大夫的德行啊。

"至于您，觐见秦王靠的是秦王宠臣景监的介绍，这称不上是正道；辅佐秦王却不为百姓谋福祉，而大建宫阙，这不是为国家立功的行为。您惩罚太子的老师，用严刑酷法残害百姓，这是在为您自己积聚怨恨、酝酿祸患啊。教化百姓比命令百姓更得人心，让百姓模仿官吏的行为比命令百姓更为迅速。如今您违背常理，建立个人权威，变更法度，这不是对百姓施行教化的办法啊。您又在封地坐北朝南自称寡人，却天天用新法来约束秦国的贵族。您做的这几件事，都是不得人心的呀。

"您一出门，后边就有十几辆车跟从，车上都是全副武装的士兵。身强力壮的士兵做贴身护卫，持矛操戟的士兵紧靠您的车子奔走。这当中缺少一样，您就不出门。您的处境很危险啊，就像早晨的露水，很快就会消亡的。您如果想要保平安，就应该放弃现在拥有的地位和财富，否则一旦大王去世，您将死于非命。"

赵良这番话不可谓不推心置腹，商鞅却没有听进去。

◉ 五马分尸

五个月后，秦孝公去世，太子继位。

公子虔一帮人向国君诬告商鞅谋反，国君就派人去抓捕商鞅。商鞅逃到边关，打算住客栈。客栈的主人不知道他是商鞅，说："依照商君的法令，住店的人没有证件，店主要被判罪。"

商鞅长叹一声，说："唉，没想到新法的弊端竟然到了这种地步！"

商鞅离开秦国潜逃到魏国，魏国人痛恨他欺骗公子卬而大败魏军，拒绝收留他。

魏国有人对魏王说："商鞅是秦国的逃犯，如今秦国强盛，而商鞅逃到魏国，魏国不遣返他，会招来秦国的报复。"于是魏国将商鞅送回秦国。

商鞅回到秦国后，直奔自己的封地，发动封地的士兵，往北攻打郑地以谋求生路。

秦国国君发兵攻打商鞅，在黾池把他杀死，而后将他五马分尸示众，说："不要像商鞅那样造反！"

说完这句话，秦国国君下令诛灭商鞅全家。

历史启示录

战国是一个大争之世，各国开疆拓土，广招贤才，上演了一幕幕相互成就的精彩戏码。毋庸置疑，商鞅变法是秦国命运的转折点，也是天下态势的转折点。成就商鞅变法的，是商鞅，也是秦孝公。秦孝公和商鞅，一为雄主，一为奇才，二人互为知音，谱写了一曲君臣合璧的笑傲江湖曲。

合纵抗秦 | 苏秦的故事 |

◎ 被亲人嘲笑

苏秦是东周洛阳人，曾经到齐国求学，拜在鬼谷子先生门下。

苏秦在外游历多年，没取得任何成就，穷困潦倒，最后狼狈地回到家里。

他的兄嫂、弟妹、妻妾都讥笑他，说："我们洛阳人的习俗，都是努力治理产业，做一些生意，以赚取那十分之二的利润。现在您丢掉本该做的事情，去干卖弄口舌的事，现在穷困潦倒，这不应该啊！"

苏秦听了这些话，既惭愧又伤心，于是闭门不出，把自己的藏书全都重读一遍。

就这样读了几天，苏秦对自己说："一个读书人既然拜了师受了教，如果不能靠它获得荣华富贵，那读书再多，又有什么用呢？"

于是他从自己众多的藏书中找来一本名叫《太公阴符》的书，刻苦钻研。

一年后，苏秦掌握了游说天下国君的门道，于是求见并游说周显王。

周显王身边的大臣们都很了解苏秦，根本看不起他，因而周显王也不信任他。于是苏秦离开洛阳去秦国。

◉ 燕国的支持

这时候的秦国，秦孝公刚去世，苏秦就游说继位的秦惠王，他说："秦国是个山关险固的国家，凭着众多的百姓以及训练有素的士兵，足以吞并天下，建立帝业。"

秦惠王以"小鸟的羽毛还没长成，不可能凌空飞翔；我的统治才刚刚开始，不可能兼并天下"为理由拒绝了苏秦。

实际上，秦惠王刚刚处死商鞅，厌恶四方游说之人，所以没有任用苏秦。

被秦国拒绝后，苏秦去了赵国。

赵国的相国是赵肃侯的弟弟赵成，赵成不喜欢苏秦，因此没有任用他。

苏秦又去了燕国游说，等了一年多才见到燕王。

他对燕文侯说："燕国东边有朝鲜、辽东，北边有林胡、楼烦，西边有云中、九原，南边有滹沱、易水，领土纵横两千多里，军队达几十万人，战车六百辆，战马六千匹，储存的粮食足够全国用好几年。燕国土地肥沃，百姓即使不耕作，依靠红枣、板栗的收入也足够了。这就是人们常说的天然府库啊！"

苏秦认为燕国的百姓能够安居乐业，燕国不被敌人侵犯，是因为有赵国在燕国的西面阻挡着。一旦赵国攻打燕国，只要不到十天的工夫，几十万大军就会达到燕国的边境，用不了四五天，就能到达燕国都城。秦国要攻打燕国，则要穿越云中和九原，穿过代郡和上谷，一路要走上几千里，就算攻克了燕国的城池，秦国也无法长久镇守。

因此，苏秦说道："秦国攻打燕国，是千里以外的忧患；赵国攻打燕国，是百里以内的忧患。不忧虑百里以内的敌人而重视千里以外的敌人，再也没有比这更错误的策略了。所以我希望大王能与赵国合纵，把各国联成一体，那么燕国就没有什么可忧虑的了。"

燕文侯说："您说得很对，我的国家弱小，西边紧靠着赵国，南边接近齐国，这两个国家都是强国。您如果能用合纵的办法让燕国高枕无忧，我愿全力支持您。"

随后，燕文侯赞助苏秦车马钱财，让他出使赵国。

◉ 精巧的安排

苏秦又来到赵国，这时赵成已经死了，苏秦就劝赵肃侯说："君王的大事，没有比让百姓安宁、国家太平更重要的了。让百姓安宁的根本，在于选择邦交。邦交选择得当，百姓就安宁；邦交选择不当，百姓就不得安宁。请允许我为大王您分析赵国的外患。"

苏秦说道："大王如果和秦国交好，那么秦国一定会利用这层关系去削弱韩国、魏国；大王如果和齐国交好，那么齐国一定会利用这层关系去削弱楚国、魏国。魏国、韩国和楚国都被削弱了，赵国就孤立无援了。

"现在秦国的野心很大，假如秦军渡过黄河，越过漳水，那么，秦国的军队和大王的军队一定会大战于邯郸城下。然而，秦国却不敢攻打赵国，这是为什么呢？是怕韩国和魏国在后面暗算它。韩、魏两国是赵国南边的屏障，秦国要是降服了韩国和魏国，那么赵国必定面临灾祸。

"各诸侯国的土地加起来比秦国大五倍，士兵加起来比秦国多十倍，假如六国结成一个整体，同心协力攻打秦国，秦国一定会被打败，可是如今大家却都臣服秦国。打败别人和被别人打败，让别人臣服和臣服别人，难道是一个意思吗？那些主张连横的人，都想把各诸侯国的土地割让给秦国。他们只想靠着秦国的霸业过上衣食无忧的生活，至于各国会不会遭受秦国的祸害，他们根本不考虑。所以连横对赵国是没有好处的。"

苏秦最后说："我劝大王与韩、魏、齐、楚、燕等国结为一体，共同对抗秦国。那样的话，秦国就不敢从函谷关出兵侵犯六国了，您的霸业也就成功了。"

赵肃侯说："我自即位以来，还没听到过使国家长治久安的谋略。如今您有意使天下的诸侯国得以生存安定，我愿意听从您。"

随后，赵肃侯给了苏秦一百辆车子，装上一千镒黄金、一百双白璧以及一千匹绸缎，让他去游说各诸侯国加入合纵联盟。

这时，周天子把祭祀过文王、武王的肉赐给了秦惠王。

秦惠王派犀首攻打魏国，生擒了魏将龙贾，攻克了魏国的城池，打算向东挺进。

苏秦担心秦国的军队打到赵国来，破坏自己的计划，就用计激怒自己的同学张仪，使他投奔秦国，暗中派人帮助他见到秦惠王，让他获得秦惠王的信任。

张仪知道这一切都是苏秦的安排后，感叹自己没有苏秦高明，便许诺在苏秦当权时不攻打赵国。

◉ 担任六国的相国

苏秦来到韩国，游说韩宣王说："韩国位于地势险要之处，士兵众多，武器精良，大王贤明，拥有这么好的条件，却向西侍奉秦国，这是让国家遭受耻辱而被天下人耻笑啊。大王的土地是有限的，而秦国的贪心是无止境的，拿有限的土地去满足无止境的贪心，是行不通的。我听说过一句俗话：'宁做鸡的嘴，不做牛的肛门'，拱手臣服秦国，和做牛的肛门有什么不同呢？大王贤明，还拥有强大的军队，却有了做牛肛门的丑名，我真为大王感到羞耻啊。"

苏秦的这番话让韩王脸色大变。他愤怒地瞪大眼睛，手按宝剑，仰天长叹说："我就算再没出息，也不会去侍奉秦国。我愿意把韩国托付给您，听从您的安排。"

苏秦又来到魏国，游说魏襄王，最后魏襄王也同意加入合纵联盟。

紧接着苏秦又到齐国游说齐宣王，齐宣王听从了苏秦的建议，加入了合纵联盟。

苏秦游说的最后一个国家是楚国，楚威王也愿意听从苏秦的安排。

就这样，苏秦的六国合纵计划完成。

苏秦做了合纵联盟的召集人，同时担任了六国的相国。

⊙ 气派得像一国之君

苏秦北上向赵肃侯复命，途中经过洛阳，随行的车马满载着行装，各国诸侯都派来使者送行，苏秦气派得就像一国的国君。

周显王听到这个消息后，想起当年拒绝苏秦一事，感到非常害怕，赶快找人为他清扫道路，表示欢迎，并派使者前去慰劳。

苏秦的兄弟、妻子、嫂子都跪在地上，恭敬地服侍他用饭，都不敢抬头看他。

苏秦笑着对嫂子说："你以前对我那么傲慢，现在为什么对我这么恭顺呢？"

他的嫂子匍匐到他面前，脸贴着地对苏秦说："因为小叔您地位显贵，钱财又多啊。"

苏秦叹了口气，感慨地说："同样是我，富贵了，亲戚就敬畏我，而贫贱时，大家都看不起我。亲戚都这样，更别说其他人了。假使我当初满足于几亩田地，如今还能佩上六个国家的相印吗？"

但最后，苏秦还是赏赐给亲戚朋友千金。

当初苏秦到燕国去，向人借了一百钱做路费，现在富贵了，就还给那个人一百金。他还报答了以前所有帮助过他的人。

在他的随从人员中，有一个人迟迟没得到奖赏，就自己去讨赏。

苏秦说："我没有忘了您，当初您跟我到燕国去，在易水边，您好几次想要离开我，那时正当我穷困潦倒，所以我深深地责怪您，因此把您放在最后。现在您也可以得到赏赐了。"

⊙ 十五年天下无事

苏秦游说六国订立合纵盟约之后，回到赵国，赵肃侯封他为武安君。

之后，苏秦把合纵盟约派人送去秦国，此后十五年时间，秦国都不敢侵扰函谷关以外的国家。

后来秦国派犀首诱骗齐、魏两国，一起来攻打赵国，打算破坏六国的合纵联盟。

赵王看到齐、魏两国来攻，就责备苏秦。苏秦于是请求出使燕国，决心要向齐国报复。

苏秦离开赵国后，合纵联盟就瓦解了。

⊙ 为燕国收回失地

秦惠王把女儿嫁给了燕国太子。燕文侯去世后，太子继位，这就是燕易王。

燕易王刚刚登位，齐宣王就趁着燕国国丧，发兵攻打燕国，攻克了十座城池。

燕易王对苏秦说："从前先生到燕国来，先王资助您去见赵王，这才有了六国合纵。现在齐国先是攻打赵国，又来攻打燕国，这都是因为先生。先生能为燕国收回被齐国侵占的国土吗？"

苏秦非常惭愧，说："请让我为大王收回失地。"

苏秦见到齐宣王后，拜了两拜，先是弯腰表示祝贺，又抬头表示哀悼。

齐宣王说："您为什么先祝贺，然后哀悼呢？"

苏秦说："我听说饥饿的人，就算饿死也不吃乌头这种有毒植物，因为即便它能填饱肚子，但最终也会跟饿死没什么区别。燕国虽然是个小国，燕王却是秦王的女婿。大王您现在虽然得了燕王十座城池的便宜，却与强大的秦国结仇，这有什么意义呢？您难道不担心弱小的燕国引来强大的秦国军队攻打齐国吗？您派兵攻打燕国，这和吃乌头是何等相似啊。"

齐宣王的脸色一下子变了，急忙问："那该怎么办呢？"

苏秦说："大王如果愿意听从我的建议，那么就立即把十座城池还给燕国。燕国收回十城，一定很高兴。秦王知道您是因为他的关系而将十座城池还给燕国，也一定很高兴。燕国、秦国都来亲近齐国，那么大王号令天下，谁都不敢不听从。看上去是大王依附秦国，实际上是以十个城池的代价取得天下，这才是称霸天下的功业啊。"

齐宣王听后，说："你说得对。"于是就把十座城池还给了燕国。

◉ 以死寻凶

有人趁苏秦出使齐国，在燕易王面前毁谤苏秦，说："苏秦是个左右摇摆、反复无常、出卖国家的小人，势必会引起乱子。"

燕易王于是撤掉了苏秦的官职。

苏秦回到燕国后，求见燕易王，通过一番劝说，不仅重新获得了官职，而且还让燕易王更加厚待他。

燕易王的母亲与苏秦私通。燕易王知道这件事后，反而对苏秦更加优厚。

苏秦害怕被杀，就对燕易王说："我留在燕国，不能提高燕国的地位，如果我去了齐国，燕国一定会获得利益。"

燕易王说："一切听先生的。"

苏秦便假装得罪了燕易王，逃到齐国。齐宣王让他当了客卿。

齐宣王去世后，齐湣王继位。苏秦就劝说齐湣王把葬礼办得隆重些，以表明自己的孝道，同时劝齐湣王建造高大的宫室，开辟大规模的园林，以表明自己的志向。

苏秦这样做，是打算消耗齐国，从而有利于燕国。

燕易王去世后，燕哙继位做了国君。这时候，齐国有很多大臣和苏秦争夺国君的宠信，还派人刺杀苏秦，苏秦受重伤，凶手逃跑了。

齐湣王派人捉拿凶手，然而却怎么也抓不到。

苏秦死前对齐湣王说："我就要死了，请您在街市上把我五马分尸，然后说'苏秦为了燕国，祸乱齐国'，这样做，一定能抓到刺杀我的凶手。"

齐湣王就按照他的话去做，那个刺杀苏秦的凶手果然出现了，齐湣王就把他杀了。

燕王听到这个消息后说："齐国为苏先生报仇的那种做法也太过分了。"

苏秦的弟弟苏代和苏厉，看到哥哥功成名就，也都发奋学习，

等到苏秦死了，两人也学苏秦去游说诸侯，显名于各诸侯国，最后都安享天年。

历史启示录

苏秦提出合纵战略，是通过六国联盟遏制秦国，以求维持各方势力的平衡。合纵战略的成功，同样也是苏秦人生的成功。苏秦贫贱时被他的兄嫂、弟妹、妻妾讥笑，到苏秦配六国相印时，他的兄弟、妻子、嫂子都跪在地上，恭敬地服侍他用饭，都不敢抬头看他。人情冷暖与诸侯征伐，其实是一回事，实力决定一切。

一代名将 | 白起、王翦的故事 |

◉ 赵国接收上党

白起很善于用兵，数十年间为秦国立下汗马功劳。随着军功的增长，他也升官加爵，从最初的左庶长一路升到大良造，还被封为武安君。

秦昭王四十三年（公元前264年），白起率军进攻韩国的陉城，夺取了五个城邑，斩杀五万人。两年后，白起发兵攻占了韩国的野王城，切断了上党对外的道路。

上党郡守冯亭跟百姓们谋划说："现在通往国都的道路被切断了，韩王肯定顾不上我们了。秦国军队一天天逼近，而韩国不能来救援我们，依我看，不如把上党献给赵国。赵国如果接受我们，秦国一定很恼怒，必定攻打赵国。赵国遭到秦国的进攻，必定亲近韩国。韩国和赵国联合起来，就能够抵挡秦国。"

谋划完后，冯亭派人前往赵国。

赵孝成王跟平阳君、平原君一起商议这件事。

平阳君说："不能接受上党。要是接受了，带来的灾祸要大于得到的好处。"

平原君认为不费一兵一卒得到一郡的土地，对赵国有利。

赵孝成认同平原君的看法，便接收了上党，同时封冯亭为华阳君。

◉ 长平之战

秦昭王四十七年（公元前 260 年），秦国派左庶长王龁攻打韩国，夺取了上党。上党的百姓纷纷往赵国奔逃。赵国派兵驻扎长平，以接应上党百姓。

这年四月，王龁以这件事为借口进攻赵国。赵国派廉颇去统率长平的军队。

秦赵两军刚一交手，赵军就被秦军的侦察部队斩杀了一个副将。

六月，秦军攻破赵军阵地，攻占两个据点，俘虏了四个将领。一个月后，赵军高筑围墙，坚守不出。秦军强行进攻，俘虏了赵军的两个将领，夺下西边的营垒。

廉颇固守营垒，与秦军对峙。秦军多次挑战，廉颇都坚守不出。为此，赵王多次指责廉颇不与秦军交战。

见战事陷入胶着状态，秦相范雎就派人到赵国施行反间计，到处宣扬："秦国最怕马服君的儿子赵括，至于廉颇，那是很容易对付的，而且他很快就要投降了。"

赵王原本就恼怒廉颇屡次战败，现在又不出战，再加上听到秦国的反间谣言，于是就派赵括取代廉颇。

秦国得知马服君的儿子来长平领军，就暗地里派武安君白起担任上将军，让王龁担任副将，并命令军中不得泄露白起来到前线的消息，否则格杀勿论。

赵括一到长平，就率领军队向秦军发起进攻。秦军假装败逃，布置了两支突袭部队断了赵军后路。

赵军乘胜追击，一直追到秦军营垒。但是秦军营垒十分坚固，久久不能攻入。

这个时候，秦军两万五千人的突袭部队已经切断了赵军的后路，另一支五千人的骑兵部队也已经突袭到赵军营垒，把赵军一分为二，粮道也被堵住。

这时秦军派出精兵攻打赵军，赵军失利，就构筑壁垒，固守待援。

秦王得知赵国粮道被截断，就亲自来到当地，封给百姓爵位各一级，征调十五岁以上的男子全部集中到长平战场，让他们拦截赵国的救兵和粮食。

到了九月，赵军断绝口粮已经四十六天，士兵们饿得残杀同袍，吃人肉充饥。赵括将赵军编成四队，轮番进攻了四五次，始终冲不出去。于是赵括亲自率领部下与秦军搏杀，结果被秦军射死。

赵括死后，四十万赵军向白起投降。

白起在心中谋划："赵国士兵反复无常，如果不把他们全部

杀掉，恐怕会出乱子。"于是，白起用欺诈的手段活埋了赵国降兵，只放走了二百四十个年纪尚小的士兵。

长平之战，秦军前后斩杀赵军四十五万人，得知这一消息后，赵国上下一片惊恐。

⊙ 邯郸难攻

秦昭王四十八年（公元前 259 年），秦军再次攻占上党郡。这之后，秦军兵分两路，攻下皮牢、太原两座城池。

韩国和赵国都非常害怕，便派苏代到秦国，带着丰厚的礼物去游说秦相范雎。

苏代对范雎说："是武安君射杀了赵括吗？"

范雎回答："是的。"

苏代又问："武安君就要围攻邯郸了吗？"

范雎回答："是的。"

苏代说："赵国一旦灭亡，秦王必将君临天下，武安君也必定封为三公。武安君为秦国夺取的城池有七十多座，在南边平定了楚国的鄢、郢和汉中地区，在北边消灭了赵括的军队，就算周公、召公和吕望的功劳也超不过他。武安君如果位居三公，您能屈居在他之下吗？就算您不甘心，也改变不了事实。秦军曾攻打韩国，围困邢丘，占据上党，上党的百姓转而归顺赵国，一直以来，天下的百姓都不愿做秦国的子民。秦国如果把赵国灭掉，那么它北边的土地就会归入燕国，东边的土地就会并入齐国，南边的土地就会归入韩国和魏国,这样一来,秦国还能得到多少土地和百姓呢?以我之见,不如趁着韩国、赵国惊恐的时候,让它们割让土地,不要再让武安君建立功劳了。"

听了苏代这番话,范雎便向秦王进言说:"现在秦国的士兵太疲惫了,请大王允许韩国、赵国割地讲和,让士兵们休整一下。"

秦王听从了范雎的意见,让韩国割地求和。

白起得知消息后,与范雎有了嫌隙。

这年九月,秦国再次出兵,命五大夫王陵攻打赵国国都邯郸。当时白起有病,不能随军出征。

第二年正月,王陵又进攻邯郸,没什么进展,秦国便增兵给王陵。结果王陵损失了五个营。

这时白起病好了,秦王便打算派他代替王陵统率攻打邯郸的军队。

白起说:"邯郸现在已经很难攻下了,而且那些与秦国为敌的诸侯国天天派援军来。秦国虽然消灭了长平的赵军,可是秦军自身的伤亡也超过了一半,造成国内兵力空虚。秦军越过黄河山岭,远行千里去攻打别人的国都,而赵军在城里应战,诸侯的军队在城外支援,他们内外夹击,必定能打败秦军。所以这个仗不能打。"

秦王不听,亲自下令让白起赴任,白起不肯赴任。于是秦王派范雎去说服白起,但白起始终推辞,还称自己旧病复发。

秦王只好改派王龁代替王陵统率攻打邯郸的军队,还是没能攻下来。

◉ 白起自杀

楚国派春申君同魏公子信陵君率领数十万大军攻打秦军，秦军伤亡惨重。

白起得知消息，便说："大王不听我的话，现在怎么样了！"

秦王听到后非常生气，强行命令白起赴任，白起以自己病情严重为由不愿赴任。范雎又去请他，他仍是不去。

秦王就将白起贬为士兵，让他离开咸阳迁到阴密。因为白起有病，没能成行。

三个月后，诸侯联军向秦军发起猛烈攻击，多次打败秦军。

秦王就派人驱逐白起，不让他留在咸阳城里。白起只好上路，走了十里路，来到杜邮。

秦王对范雎和其他大臣说："我命令白起离开咸阳，他好像很不服气，总有怨言。"

秦王就派人赐给白起一把剑，命他自杀。

白起拿着剑仰天长叹道："我到底有什么罪过，竟落得这个结果？"过了好久，他说："我本来就该死啊。长平之战，我用欺诈之术把赵国投降的几十万士兵全都活埋了，这足够让我去死了。"随即就自杀了。

白起死后，秦国人都很同情他，无论城乡都祭拜他。

◎ 需要六十万人

王翦少年时就非常喜欢军事，后来侍奉秦始皇。始皇十一年（公元前236年），王翦率军攻陷赵国的阏与，一连拿下九座城池。

七年后，王翦领兵平定赵国，将它变为秦国的一个郡。过了一年，王翦攻打燕国，燕王喜逃往辽东，王翦攻占了燕国都城。燕国名存实亡。

此后几年，秦国不仅灭了魏国，还多次打败楚国。

秦国将领李信，年轻气盛，英勇威武，曾经带着几千士兵打败燕军捉到燕国太子丹，秦始皇认为李信贤能勇敢。

秦始皇准备攻打楚国，就问李信："让你攻取楚国，需要多少人马？"

李信回答说："二十万人就够了。"

秦始皇又问王翦，王翦回答说："需要六十万人。"

秦始皇听后，说道："王将军老了啊，变得胆小了！李将军真是勇敢，他的话是对的。"

秦始皇随后就派李信和蒙恬率领二十万大军攻打楚国。

王翦见自己的建议没被采用，就推托有病，回家乡养老去了。

⊙ 为了不让秦王怀疑

李信攻打平舆，蒙恬攻打寝邑，大败楚军。接着李信又攻占了鄢地和郢地，然后继续带兵向西前进，准备在城父与蒙恬会师。

楚军三天三夜不停歇，在他们身后紧紧跟随，最后打败了李信的军队，攻入两个军营，杀死七个都尉，秦军惨败而逃。

秦始皇听到这个消息，怒火冲天，随后来到王翦的家乡，向他道歉说："我由于没采用您的建议，导致李信让秦军蒙受了耻辱。楚军现在向西逼近，您虽然生着病，但怎么忍心抛弃我呢？"

王翦推辞说："老臣年纪大，身体弱，昏聩无能，还请大王另择良将。"

秦始皇再次向王翦赔罪说："好了，将军就不要再推辞了！"

王翦说："大王一定要用我的话，那我还是需要六十万人。"

秦始皇说："一切都听将军的。"

王翦率领六十万大军出发前，请求秦始皇赏赐自己许多良田豪宅，等到了函谷关，又连续五次派人向秦始皇请求赐予良田。

有人劝他说："将军这样做，有些过分了吧。"

王翦说：“大王这个人性情粗暴，对人多疑。如今他把全国的军队交给我，我要是不多向大王请求赏赐田宅给子孙置家产，以表示我出征的坚定意志，不是让大王平白无故地怀疑我吗？”

◉ 攻灭楚国

王翦取代李信，率领大军攻打楚国。

楚王得知王翦带着六十万大军而来，就动员全国的军队来抵抗秦军。

王翦抵达战场后，没有马上发起攻势，而是构筑营垒，采取守势。楚军屡次挑战，秦军坚守不出。

王翦让士兵们天天洗澡、休息，让他们吃上等的饭食，还跟他们同饮同食。

过了些时日，王翦派人去调查现在士兵们都在玩什么游戏，那人回来报告说：“士兵们正在比赛看谁投石投得远，跑得快。”

王翦说：“士兵们可以上阵了。”

楚军见秦军不肯应战，就向东去了。王翦趁这个机会发兵追击楚军，一直追到蕲南，杀了他们的将军项燕，楚军大败而逃。

秦军乘胜追击，攻占了楚国大部分的城池。一年多以后，王翦俘虏了楚王负刍，在楚国各个地方设置郡县。

随后，王翦又乘势向南征伐百越。与此同时，王翦的儿子王贲与李信一起平定了燕国和齐国。

秦始皇二十六年（公元前 221 年），秦始皇灭掉了所有诸侯国，统一了天下，王翦和蒙恬在秦统一天下的战争中功劳最多，名声流传到后世。

历史启示录

战国，以战存国，在这个特殊的时代，涌现了许多流传后世的人物，白起和王翦就是其中的佼佼者。两人都是秦国名将，虽不是同一时代，但都战功赫赫。白起是秦国自商鞅变法之后，从基层崛起的著名统帅。而秦灭六国之战中，有五国是王翦和他的儿子灭的。两人各有各的短处与长处，但在属于他们的时代，无疑都是强者。

非凡之路 | 范雎的故事 |

◉ 捡回一条命

　　范雎是魏国人，他曾周游列国，希望各国国君接受自己的主张而有所作为，但没有成功，便回到魏国打算为魏王出谋划策。因范雎家境贫寒又没有办法筹集活动资金，就先做了魏国中大夫须贾的门客。

　　有一次，须贾带着范雎出使齐国，几个月过去了，也没有什么结果。齐襄王得知范雎很有口才，就派专人给范雎送去了十斤黄金以及牛肉美酒之类的礼物，范雎一再推辞不敢接受。

　　须贾知道这件事后，很生气，认为范雎一定是把魏国的秘密出卖给了齐国，所以才得到齐襄王的馈赠，于是他让范雎收下牛肉美酒之类的礼物，而把黄金送回去。

　　回到魏国后，须贾嫉恨范雎，心中的怒气始终难以消除，就把这件事报告给了魏国相国魏齐，诬告范雎出卖魏国。

　　魏齐听说这件事后，非常生气，就命令左右近臣用板子、荆条抽打范雎，打得范雎肋骨、牙齿都断了。

范雎担心就这样被活活打死，就直挺挺躺在血泊中不动，假装死去。

魏齐命人用席子把他卷起来扔到厕所里，又让那些在相府里喝醉酒的宾客，轮番往范雎身上撒尿，故意污辱范雎，借此惩一儆百。

卷在席子里的范雎还活着，他醒来后偷偷对看守说："您如果能放我走，日后我必定重重地报答您。"

看守有意放走范雎，就向魏齐请示把席子里的死人扔掉。

魏齐这时正喝得酩酊大醉，就顺口说："可以啊。"

范雎因而得以逃脱。

魏齐酒醒后，后悔把范雎扔掉，就派人去搜捕范雎。

魏国人郑安平听说了这件事，就带着范雎一起逃跑了，范雎从此改名为张禄。

⦿ 逃奔秦国

当时，秦昭王派出的使臣王稽到了魏国，郑安平就假扮成差役去侍候王稽。

王稽这次出使魏国的一个很重要的目的，就是为秦国招揽人才，于是他问郑安平："魏国有没有贤能的人愿意跟我一起到西边去？"

郑安平回答说："我的乡里有位张禄先生，想求见您，跟您谈谈天下大事。不过，他在魏国有仇人，白天不敢出来。"

王稽说："那就晚上你跟他一起来好了。"郑安平就在夜里带着范雎来见王稽。

两个人还没谈完，王稽就发现范雎是个贤才，便对他说："请先生在三亭冈的南边等着我。"

范雎与王稽约好见面时间就走了。

王稽辞别魏王回秦国的路上，经过三亭冈南边时，接上范雎回到了秦国。

车到湖邑时，他们远远望见有一队车马从西边奔驰而来。

范雎问王稽："那边过来的是谁？"

王稽答道："那是秦国相国穰侯去东边巡察。"

范雎一听便说："我听说穰侯独揽秦国大权，最讨厌收纳各国的说客，被他看到恐怕要侮辱我，我在车里躲藏一下。"

不一会儿，穰侯来到王稽面前，停下车向他问候，说："关东那边的局势有什么变化吗？"

王稽答道："没有。"

穰侯又对王稽说："使臣该不会带着说客一起回来吧？这种人一点好处也没有，只会扰乱国家罢了。"

王稽赶快回答说："臣下不敢。"

说完，王稽告别而去。

这时范雎对王稽说："我听说穰侯是个很有智谋的人，处理事情多有疑惑，刚才他怀疑车中藏着人，可是忘记搜查了。他一会儿肯定会回来搜查车子。"

于是范雎就跳下车来步行。

大约走了十几里路，穰侯果然派骑兵追过来搜查车子，没发现有人，这才作罢。王稽于是带着范雎进了咸阳。

◉ 点明秦国的最大危机

王稽向秦昭王报告了出使情况后，趁机进言道："魏国有个张禄先生，这个人是天下难得的能言善辩之士。他说：'秦国处境极其危险，采用我的方略便可安全，但需要见到秦王才能明说，不能用书信传达。'我就把他带到秦国来了。"

秦昭王不相信这样的套话，只让范雎住在旅店，给他吃粗劣的饭食。范雎等待秦昭王的接见，这一等就等了一年多。

秦昭王这样做是有原因的。

当时，秦昭王已经在位三十六年了。三十六年来，秦国在南面夺取了楚国的鄢、郢重镇。楚怀王在秦国被囚禁而死。秦国又在东面攻破了齐国。在这之前，齐湣王曾经自称东帝，不久又取消了这个帝号。秦国还曾多次进攻韩、赵、魏三国，扩张了领土。秦昭王功绩赫赫，哪里会听信那些说客的话？

秦国这时由相国穰侯主政，他和华阳君是秦昭王母亲宣太后的弟弟，而泾阳君、高陵君是昭王的同胞弟弟。

穰侯担任相国，华阳君、泾阳君和高陵君则轮流担任将军，他们都有各自的封地，因为有宣太后的庇护，他们的财富甚

至超过了秦王。

这一年，穰侯要越过韩国和魏国去攻打齐国的纲寿，想以此扩大他在陶邑的封地。

范雎就这件事向秦昭王上书说："我听说善于侵吞财物的大夫，是从别的诸侯国中取利；善于让自己的诸侯国富足的，是从其他诸侯国中取利。天下有了圣明的君主，那么诸侯就不能富强，这是为什么？是因为诸侯显贵，就势必削弱国君的权力。"

范雎短短几句话，就点明了秦国存在的最大危机——穰侯等人正在削弱国君的权力。

范雎不仅指出了问题，还准备当面向秦昭王提出解决问题的方法，他说："请让我拜见您一次。如果你觉得我的话没用，我甘愿受死。"

读了范雎的上书，秦昭王心中很高兴，便向王稽表示了歉意，派他用专车去接范雎。

范雎来到秦昭王的离宫，假装不知道怎么走，直接就往内宫里闯。

这时秦昭王刚好出来，宦官驱赶范雎，大声呵斥道："大王来了，还不闪开！"

范雎故意乱嚷嚷："秦国哪里有大王？秦国只有太后和穰侯。"

他想用这些话激怒秦昭王。

秦昭王听到范雎正在与宦官争吵，便走过来迎接范雎，并向他道歉说："我早该向先生您请教了。我这个人不聪明，让我向您施礼。"

范雎客气地还了礼。

秦昭王呵退左右近臣，长跪着向范雎说："先生有什么要对我赐教的？"

范雎只说："嗯嗯。"

秦昭王长跪着恭敬地向范雎请求说："先生是不是有什么要教我？"

范雎还是只说："嗯嗯。"

秦昭王像这样重复询问了三次。

秦昭王长跪着说："先生难道不愿意教导我吗？"

范雎说："我不敢这样。"他接着说："从前吕尚遇到周文王时，他不过是个渭水边上钓鱼的渔夫。像他们这种关系，本来属于交情生疏。但文王听完他的一席话后立刻拜他为太师，并且用车载着他一起回宫，这是因为吕尚的这番话说到了文王的心坎里。之后文王得到吕尚的辅佐而统一了天下。如果当初文王疏远吕尚而不与他深谈，那么文王和之后的武王也就没人辅佐来成就他们统一天下的大业了。"

范雎坦率地告诉秦昭王："我现在是个寄居他国的臣子，与大王没什么交情，而我所要陈述的都是关于国君的大事，我处在大王与亲人的骨肉亲情之间，只想进献我的一片愚忠，可不知大王心里是怎么想的。这就是大王刚刚连续三次询问我，而我不敢回答的原因。

"我并不是怕死而不敢说出来。我明知今天向您陈述主张，明天就可能服罪受死，可是我绝不会逃避。大王如果能照我的话去做，我就算受死，或者流亡、发疯，我也不会感到羞耻。只要我的主张能够对秦国有少许补益。我所担忧的，是怕我死后，天下人看见我为您尽忠却遭受死罪而不再开口进言，没有人敢来秦国了。"

秦昭王长跪着说："先生这是怎么说呢！秦国偏处一隅，我本人愚笨无能，先生屈尊来到秦国，我能受到先生的教诲，这正是上天的恩赐啊。先生请放心，从现在开始，事情无论大小，上至太后，下到大臣，只要与秦国大业有关，都希望先生能毫无保留地给我以指教，不要再怀疑我了。"

范雎听完秦昭王的这番话，朝秦昭王行礼，秦昭王也连忙还礼。

◉ 提出"远交近攻"之策

范雎随即为秦昭王分析秦国的形势，他说："大王的国家，四面都是坚固的要塞，雄师百万，战车千辆，有利就进攻，不利就退守，这是建立王业的好地方啊。秦国的百姓也与别国的不同，能勇敢地为国家去作战，这是建立王业的好百姓啊。现在大王兼有地利、人和这两种有利条件，凭着秦国士兵的勇猛、战车的众多，去消灭诸侯、建立霸业是完全能够办到的，可是您的臣子们却都不称职。秦国闭关固守已经十五年了，之所以不敢进攻崤山以东的国家，都是因为穰侯不肯为秦国尽心尽力，而大王的计策也有失误的地方。"

秦昭王长跪着说："我愿意听一听我的失误之处。"

范雎正要细细说来，发觉殿外有不少大臣在偷听，心里惶惑不安，不敢谈宫廷内部太后专权的事，就先谈穰侯对诸侯国的外交策略，正好观察一下秦昭王的态度。

他说："穰侯越过韩、魏两国去进攻齐国的纲寿之地，这不是个好计策。出兵少了不能打赢齐国，出兵多了会损害秦国自己。我猜想大王的计谋，是想秦国少出兵而让韩、魏两国派遣军队来支援秦国，这就违背情理了。这两个国家其实并不友善，而大王您却要越过他们的国境去进攻齐国，这合适吗？这计划考虑得太不周密了。"

范雎说得没错。

先前齐湣王向南攻打楚国，打算开辟千里之遥的领土，可是最后却连寸尺大小的土地也没得到，齐国不是不想得到土地，是形势迫使它无法获得。各诸侯国看到齐国军队疲惫，而国君与臣子又不和睦，便发兵攻打齐国，结果齐国大败。

齐国将士受到羞辱，上下一片责怪齐湣王的声音，说："策划攻打楚国的是谁？"

齐湣王说："是田文策划的。"

于是齐国大臣发动叛乱，田文被迫逃亡。

范雎引用这个例子，是向秦昭王说明齐国之所以大败，是因为它耗尽兵力攻打远方的楚国，反而使韩、魏两国从中获得厚利。这就叫把兵器借给强盗，把粮食送给窃贼。

接着，范雎提出了著名的"远交近攻"的计策。他说："大王不如结交远邦而攻伐近国，这样攻占一块土地就成为秦国实实在在的一块土地。如今放弃近国而攻打远邦，不是太荒谬了吗？"

秦昭王听后很高兴，于是授给范雎客卿的官职，听从他的计谋，派兵攻打魏国，拿下了怀邑。两年后，又夺取了邢丘。

在攻占了魏国的几处领地后，范雎又向秦昭王进言道："秦、韩两国的地形，犬牙交错。天下的形势不出现变化也就罢了，一旦发生变化，韩国一定会给秦国造成巨大的灾祸。大王不如拉拢韩国。"

秦昭王说："我早就想拉拢韩国，可是韩国不听从，我该怎么办呢？"

范雎回答道："韩国一定会听从的。您发兵攻打荥阳，那么韩国由巩县通往成皋的道路就会被堵住；在北面切断太行山要道，那么韩国上党的军队就不能南下。大王一旦发兵进攻荥阳，韩国就会被分割成三个孤立的地区。韩国眼看自己将要灭亡，怎么能不听从大王的呢？如果韩国臣服了，那么大王就可以盘算称霸的大业了。"

秦昭王依照范雎的计策，派使臣到韩国去。

⊙ 当上秦相

范雎越来越受到秦昭王的信任，被重用了好几年。

有一次，范雎对秦昭王说："我在魏国时，只听说齐国有田文，从没听说齐国有齐王；只听说秦国有太后、穰侯、华阳君以及高陵君和泾阳君，从没听说秦国有秦王。大王是掌握国家大权的人，而现在太后独断专行、毫无顾忌，穰侯出使国外从不向大王报告，华阳君、泾阳君惩处犯人，只按照自己的想法来，高陵君任免官吏也从不请示。这秦国四贵凑在一起只会让国家陷于危险的境地，秦国的百姓处在这四贵的统治下，所以我说秦国没有秦王。这样一来，大王的权力怎么能不旁落，大王又怎么能发号施令呢？

"穰侯把持着大王的重权，还向各国遍派使臣订立盟约，征讨敌方，攻伐别国，没有谁敢不听命。如果打了胜仗，夺取了城地，他就把得到的好处全都放到自己的封地；如果打了败仗，他就会让百姓怨恨大王，把祸患推给国家。夏、商、周三代亡国的原因，就是国君把大权全都交给宠臣，不理朝政。而那些被授予大权的宠臣，一个个妒贤嫉能、瞒上欺下、谋取私利，从不为国家和君主考虑，可是君主又不醒悟，因此失去了自己的国家。现在的秦国，从乡里小吏到朝廷大臣，没有一个不是穰侯的亲信。我看到大王在朝廷孤单一人，非常替您感到害怕，在您之后，秦国的王想必不是您的子孙。"

范雎的这番话让秦昭王如梦初醒，说："你说得太对了。"

没多久，秦昭王就废了太后，把穰侯、高陵君、华阳君、泾阳君逐出国都。事后，秦昭王拜范雎为相国。

秦昭王把应城封给范雎，封号为应侯。

◉ 向须贾问罪

范雎当上秦国相国后，秦国人仍称他张禄，而魏国人对此毫不知情，以为范雎早已死了。

魏王听到秦国即将向东攻打韩国和魏国，便派须贾出使秦国，游说秦昭王。

范雎得知须贾到了秦国，便隐瞒自己的身份，穿着破旧的衣服步行来到须贾住的客馆。须贾一见范雎，大吃一惊，说道："你原来没有死！"

范雎说："是啊，我活得好好的。"

须贾笑着说："你是来秦国游说的吧？"

范雎回答说："不是的。我先前得罪了魏相，所以逃到这里，怎么还敢游说呢？"

须贾问道："如今你都在做些什么？"

范雎回答："我给人当用人。"

须贾听了有些可怜他，便留下范雎一起吃饭，不无同情地说："你怎么贫寒到这个样子！"说着取出自己一件粗丝袍送给了范雎。

须贾随后问道："你知道秦国的相国张禄吗？我听说他在秦王那里很得宠，有关天下的大事都由他决定。这次我办的事情能不能成功也都取决于他。你有没有跟相国张禄熟悉的朋友啊？"

范雎说："我的主人跟张禄很熟。我也能求见他，就让我把您引见给张禄吧。"

须贾这时却说："我的马病了，车轴也断了，不是四匹马拉的大车，我是不会出门的。"

范雎说："我愿意替您向我的主人借四匹马拉的大车。"

范雎回去找来了一辆四匹马拉的大车，并亲自给须贾驾车，直接进了相府。

相府里的人看到范雎驾着车子来了，都回避了。须贾见到这般情景感到很奇怪。

来到相国会客地方的门口，范雎对须贾说："你先等着，我去向相国通报一声。"

须贾就在门口等着，等了很长时间，不见范雎出来，便问门卒："进去这么久了，范雎怎么还不出来？"

门卒说："这里没有范雎。"

须贾先是一愣，继而说："就是刚才进去的那个人。"

门卒说："他就是我们相国张禄啊。"

须贾一听大惊失色，赶紧脱掉上衣光着膀子双膝跪地，托门卒向范雎认罪。于是范雎派人挂上盛大的帐幕，召来许多侍从，才让须贾上堂来见。

须贾见到范雎连连叩头说："我没想到您坐到了这么高的尊位。我犯下了大罪，把我抛到荒凉野蛮的地区我也心甘情愿，让我活让我死都听您的！"

范雎问道："你的罪状有多少？"

须贾连忙答道："拔下我的头发来数我的罪过，也不够数。"

范雎说："你的罪状有三条。以前你认为我暗通齐国而在魏齐面前说我的坏话，这是你的第一条罪状。当魏齐把我扔到厕所里肆意侮辱我时，你没有制止，这是第二条罪状。你喝醉之后往我身上撒尿，这是第三条罪状。但是现在你没被处死，是因为今天你送了我一件粗丝袍，所以给你一条生路，放了你。"

结束会见后，范雎进宫把事情的原委报告了秦昭王，秦昭王决定不接见魏国来使，责令须贾回国。

须贾回魏国前，去向范雎辞行。范雎便大摆宴席，请来所有诸侯国的使臣，与他同坐堂上，而让须贾坐在堂下。

范雎命人在他面前放了一槽草豆掺拌的饲料，又命令两个犯人像喂马一样喂他吃饲料。

范雎责令他说："给我告诉魏王，赶快把魏齐的脑袋拿来！要不然，我就要屠平大梁。"

须贾回到魏国，把情况告诉了魏齐。魏齐很害怕，便逃到了赵国，躲在平原君家里。

◉ 魏齐自杀

秦昭王听说魏齐藏在平原君的家里，决心替范雎报这个仇，于是假装交好地写了一封信给平原君。

秦昭王在信中说："我听说您为人高尚，很有情义，希望跟您交个知心朋友，有劳您光临秦国，我要和您开怀畅饮十天。"

平原君以为秦昭王真的有意交好，便来到秦国见了秦昭王。

秦昭王陪着平原君宴饮了几天，对他说："从前周文王得到吕尚尊他为太公，齐桓公得到管夷吾尊他为仲父，如今范先生也是我的叔父。我听说范先生的仇人就住在您家里，希望您派人把他的脑袋取来；不然的话，我不会让您出函谷关。"

平原君说："人在显贵的时候结交低贱的朋友，是为了不忘自己低贱的时候；人在豪富的时候还要交贫困的朋友，是为了不忘自己贫困的时候。魏齐是我的朋友，就算他在我家，我也不会把他交出来，何况现在他根本不在我家。"

秦昭王于是给赵国国君写了一封信，要赵王派人赶快把魏齐的脑袋拿来，否则就发动军队攻打赵国，而且不会把他的叔叔，也就是平原君放回去。

赵孝成王看了信后，就派兵包围了平原君的家，于是魏齐连夜逃出平原君家，投奔了赵国相国虞卿。

虞卿估计自己说服不了赵王放过魏齐，就解下自己的相印，和魏齐一起逃出了赵国。

两人抄小路奔逃，发现周边几个诸侯国都没有可以投靠的人，就奔向魏国大梁，想通过信陵君投奔到楚国去。

信陵君由于害怕秦国，不愿见他们，就问随从："虞卿这个人怎么样？"

门客侯嬴回答说："一个人很难被别人了解，了解别人也不是件容易的事。那个虞卿当年脚踩着草鞋，手上撑着雨伞，来到赵国，第一次见赵王，赵王赐给他一对白璧、百两黄金；第二次见赵王，赵王任命他为上卿；第三次见赵王，赵王任命他为相国，封万户侯。天下人都争着想要了解虞卿的为人。现在，魏齐走投无路投奔了虞卿，虞卿立刻解下相印，抛弃爵位与魏齐一起逃走。他把别人的困难当作自己的困难来投奔您，您竟然还问'这个人怎么样'。一个人很难被别人了解，了解别人也实在不容易啊！"

信陵君听了侯嬴的话，深感惭愧，立刻到郊外去迎接他们。可是魏齐听说信陵君不愿见他，一怒之下就自杀了。

赵孝成王得知魏齐自杀，便取下他的脑袋送到秦国，秦昭王这才放了平原君。

◉ 心生恐惧

秦昭王四十三年（公元前264年），秦国夺取了韩国的汾陉，并在靠近黄河的广武山修筑城池。

过了五年，秦昭王采用范雎的计谋，施行反间计，使得赵国在与秦国的长平之战中，让赵奢的儿子赵括代替廉颇统率军队。结果赵国军队大败，秦军进而围攻邯郸。

这之后不久，范雎与秦国大将白起结下怨仇，于是向秦昭王进谗言，把白起杀了。

白起死后，秦昭王派郑安平领兵攻打赵国。郑安平在战场上被赵军包围，情急之下，带领两万秦军投降了赵国。

按照秦国法令，官员犯了罪，那么举荐这个官员的人也同样要治罪。郑安平是因为范雎的推荐才当上将军的，现在他投降了赵国，范雎依法要被诛灭三族。

秦昭王担心这样做会伤害范雎，就下令："胆敢议论郑安平的人，一律按郑安平的罪名来处置。"秦昭王同时还赏赐了范雎许多贵重的东西，使他安心。

然而祸不单行，两年后，受范雎推荐做了河东郡守的王稽，因为与诸侯勾结而被诛杀。范雎因此一天比一天懊丧。

后来有一天，秦昭王上朝时不断叹气，范雎就说："人主忧愁是做臣子的耻辱，人主受辱做臣子的就应该去死。今天大王这样忧虑，我请求治我的罪。"

秦昭王说："我听说办事不尽早做好准备，就不能应付突然的变化。如今白起死了，郑安平叛变了，国内没有能征善战的大将，而秦国的敌人却很多，我因为这个而忧虑。"

秦昭王说这话，本意是为了激发范雎的斗志。而范雎听了，认为秦昭王是在责怪自己陷害忠良，所荐非人，于是心生恐惧，却想不出什么应对的办法。

就在这个时候，蔡泽从燕国来到秦国。

◉ 辞去相位

蔡泽也是一个能言善辩的人，他曾周游列国，四处谋求官职，但没有得到任用。他听说范雎因为郑安平和王稽的事，内心惭愧，抬不起头来，就来到秦国。

他准备去拜见秦昭王，先派人在范雎面前扬言说："蔡泽是个见识超群、极富辩才的智谋之士。只要他一见秦王，就能让秦王夺去您的权位。"

范雎说："五帝三代的事理，诸子百家的学说，我全都通晓，许多巧言雄辩的人，我也都能折服他们，这个人怎么能夺取我的权位呢？"

于是范雎派人去召蔡泽来。蔡泽进来了，只向范雎作了个揖。

范雎见他态度傲慢，就斥责他说："你扬言要取代我做秦相，有这种事吗？"

蔡泽回答说："有。"

范雎说："我想听听你的说法。"

蔡泽说："您认识问题太迟钝了！一年之中，春、夏、秋、冬四季更替，完成了自己的使命就会自动退去。一个人位居高位，想的是如何治理事物，能使它们各得其所，自己则平安一生，名声和事业都能永远流传下去，与天地一样长久。这难道不是您想要得到的吗？"

蔡泽接着说："秦国的商鞅、楚国的吴起、越国的文种，他们的悲惨结局您难道没有看到吗？"

蔡泽这么说，是想让范雎功成身退。

范雎知道蔡泽的用意，但他不是那么能被轻易说服的，便故意狡辩说："商鞅侍奉秦孝公，终身没有二心。吴起侍奉楚悼王，为了使君主成就霸业，使国家强盛，绝不躲避灾祸。文种侍奉越王勾践，竭尽忠心，毫不懈怠。这三个人，是道德大义的标准，忠诚气节的榜样。作为士人，本就应该具有牺牲性命来成就名声的大志，为了这个，即使死了也没有什么遗憾的。"

最终范雎还是被蔡泽说服，他说："我听说'有欲望而不知足，就会失去欲望；懂得占有却不知节制，就会失去所有'。承蒙先生教导，我听从您的教诲。"

范雎请蔡泽入座，待为上宾。

几天后，在范雎的举荐下，秦昭王召见了蔡泽，跟他谈话后，很喜欢他，于是授给他客卿的职位。

范雎趁机推托有病请求辞去相位，秦昭王竭力挽留。范雎坚称病重，秦昭王只好免去了他的相国官职。

历史启示录

范雎最为人所知的，是他睚眦必报，恩怨分明。因此说他是小人也对，说他是大丈夫也没错。不管怎样，在那个混乱的年代，范雎用他的方式做事，以"远交近攻"为秦国日后统一天下奠定下基础，成就了一代大名。

壮士不复还 |荆轲的故事|

◉ 不是平庸之人

荆轲是卫国人，他的祖先本来是齐国人，后来迁到卫国。卫国人把他称作庆卿。他到了燕国后，燕国人把他称作荆卿。

荆轲喜爱读书、击剑，曾经凭借着剑术游说卫元君，卫元君没有任用他。

有一次，荆轲漫游经过榆次，与著名的剑客盖聂谈论剑术。盖聂发怒，瞪眼看着荆轲，荆轲便离开了。有人劝盖聂把荆轲叫回来。

盖聂说："刚才我和他谈论剑术，他谈的有不恰当的地方，我就用眼瞪了他。你们去找找看吧，他应该是离开这里了，不敢再留下来的。"

那人就去询问荆轲暂住处的房东，发现荆轲已乘车离开榆次了。

那人回来告诉盖聂，盖聂说："这个人当然会离开，刚才我用眼瞪他，他害怕了！"

这之后，荆轲漫游来到赵国都城邯郸，跟鲁句践玩博戏。两人发生争执，鲁句践发怒呵斥荆轲，荆轲一句话也没说就走了，再也没回来。

荆轲到了燕国以后，与一个屠夫和擅长击筑的高渐离交上了朋友。

荆轲特别喜欢喝酒，天天和屠夫及高渐离在燕国的市场里喝酒，喝得似醉非醉时，高渐离击筑，荆轲就和着拍子唱歌。这三个人一会儿相互打趣逗乐，一会儿又抱头痛哭，身旁就像没有人一样。

荆轲虽然喜欢喝酒，也总是跟酒徒混在一起，但他的为人深沉稳重，喜欢读书。他游历各诸侯国时，爱结交当地的贤士豪杰。

他到了燕国后，燕国隐士田光对他很友好，知道他不是一个平庸的人。

◉ 太子丹的忧虑

没过多久，在秦国做人质的燕太子丹逃回燕国。

燕太子丹曾经在赵国当人质，而秦王嬴政出生在赵国，他小的时候和太子丹很要好。然而等到他做了秦王，太子丹又到秦国当人质时，他对燕太子丹就不友好了。

太子丹因怨恨嬴政而逃回燕国，寻求报复秦王的办法，但是由于燕国弱小，力不能及。

后来，秦国不停地出兵攻打齐国、楚国、韩国、魏国和赵国，像蚕吃桑叶一样，逐渐地侵吞各国。眼看战火将波及燕国，燕国君臣都很害怕。

太子丹感到非常忧虑，便请教他的老师鞠武。

鞠武说："秦国领土广大，实力雄厚，时刻威胁着韩国、魏国和赵国。它的北面有甘泉、谷口这样坚固险要的地势，南面有泾河、渭水流域肥沃的土地，据有富饶的巴郡、汉中地区，右边有陇、蜀的崇山峻岭为屏障，左边有函谷关、崤山做要塞。秦国人口众多，士兵不仅训练有素，装备还很精良。它要是有意向外扩张，那么燕国也无法保全。您为什么还因为自己被秦王欺辱，就去激怒他呢？"

太子丹说："既然这样，那我怎么做呢？"

鞠武回答说："让我再好好想想。"

◉ 谋划国事

过了些时候，秦将樊於期因参与嫪毐谋反，畏罪逃到了燕国，太子丹接纳了他，让他住下来。

鞠武认为这样做会惹怒秦国，他劝太子丹说："希望您赶快将樊将军送到匈奴去，这样秦国就没有了攻打我们的借口。然后请您向西与韩、魏、赵结盟，向南联络齐、楚，向北与单于交好，这样或许还能对付秦国。"

太子丹说："老师的计划执行起来需要很长的时间，我的心里很忧闷烦乱，一刻都等不及了。况且樊将军在穷途末路的时候来投奔我，我总不能因为害怕秦国而抛弃我所同情的朋友，把他送到匈奴那里去，除非我死了。希望老师想想别的办法。"

鞠武还是劝说太子丹："选择危险的行动却想求得安全，制造祸患却想祈请幸福，计划不周却怨恨深重，只为了结交一个新朋友，却不顾国家安危，这就是人们常说的'积蓄仇怨会助长祸患'。把大雁的羽毛放在炉子上，一下子就烧没了。要是像雕鸷一样凶猛的秦国，对燕国发泄积蓄已久的怒气，结果还用得着再说吗？"

鞠武见太子丹不为所动，也就不再劝谏，说："燕国有位田光先生，他很有智谋，您可以和他商量。"

太子丹说："我希望通过老师您来结交田先生，可以吗？"

鞠武说："好的。"

鞠武便去拜会田光，跟他说："太子想跟先生您一同谋划国事。"

田光便去见太子丹。

◉ 推荐荆轲，自刎而死

太子丹亲自迎接田光，倒退着走为田光引路，进门后，又跪下来为田光擦拭席位。

田光坐稳后，太子丹离开自己的座位向田光请教说："燕国与秦国已经到了水火不容的地步，先生有什么办法吗？"

田光说："我听说良马盛壮的时候，一天可以跑千里，可是等它老了以后，就算劣等的马也能跑到它的前头。如今太子您只听说我年轻时候的事，却不知道我现在精力已经衰竭了，做不了什么了。不过我虽然不能与您一起谋划国事，但我的好朋友荆轲可以承担这个使命。"

太子丹说："希望能通过先生和荆轲结交，可以吗？"

田光说："可以。"

说完，田光起身出去了。

太子丹送到门口，告诫说："我刚才讲的，还有先生说的，都是国家的机密，希望先生不要泄露！"

田光笑着答应了。

田光弯着腰驼着背，一路走着去见荆轲。

见到荆轲后，田光说："燕国人都知道我和您关系好，如今太子听说我年轻时做的那些事，却不知道我的身体已经不行了，还向我请教国事。我没有把您当外人看待，就把您推荐给太子，希望您能去拜访太子。"

荆轲说："我会去的。"

田光说："我听说德高望重的人做事，不会让别人怀疑。如今太子告诫我，他和我说的都是国家的机密，要我不要泄露，这是太子在怀疑我。如果一个人做事引起别人的怀疑，那他就不算是有节操、讲义气的人。"

田光要用自杀来激励荆轲，说："我希望您马上去见太子，告诉他我已经死了，表明我不会泄露机密。"

说完，田光刎颈自杀。

◉ 荆轲答应刺秦

荆轲于是参见太子，告诉他田光已死，并转达了田光自杀前的话。

太子听完，拜了两拜，然后跪下去爬行，痛哭流涕，过了好一会儿才说："我告诫田先生不要泄露，是想让大事得以成功。如今田先生用死来表明他不会把话说出去，这不是我的初衷啊！"

等荆轲坐稳后，太子丹离开自己的席位，以头叩地，对荆轲说："田先生不知道我不上进，使我能够在您跟前有所陈述，这是上天哀怜燕国，不抛弃我啊。如今秦王有很大的野心，不占尽天下的土地，让各国君王向他臣服，他是不会满足的。秦国现在已经俘虏了韩王，占领了他的全部领土。秦王又出动军队向南攻打楚国，向北逼近赵国。王翦率领几十万大军已经抵达漳水、邺县一带，而李信出兵太原、云中。赵国抵挡不住秦军，一定会向秦国臣服，赵国臣服，那么灾祸就会降临到燕国。"

太子丹接着说道："燕国弱小，多次被战争所困，如今就算是调动全国的力量，也抵挡不住秦军。诸侯害怕秦国，没有谁敢提倡合纵抗秦。我有个计策，希望能得到一位勇士，派他去秦国，用重利诱惑秦王，秦王要是贪婪，那么我们的愿望一定能达成。如果能劫持秦王，让他把侵占的土地全都归还给各国，像过去曹沫劫持齐桓公那样，那就太好了。要是不行，就趁势杀了他。秦国的将军在外面独揽军权，而国内出了乱子，那么君臣必定相互猜疑，趁这个机会，各国联合起来，一定能打败秦国。这是我最大的愿望，却不知道能委托给谁，希望荆卿能考虑这件事。"

听完太子丹的话，荆轲低头沉默。过了好一会儿，他说："这是国家大事，我的才能低劣，恐怕担不起这样的大任。"

太子丹上前一跪，向荆轲磕头，请求他千万不要推托，荆轲最终答应了。太子丹尊奉荆轲为上卿，让他住进上等的馆舍。

这之后，太子丹天天到荆轲的馆舍拜望，供给他丰盛的饮食，时不时地还献上奇珍异物、车马、美女任他挑，以满足他的心意。

◉ 樊於期的人头

过了很长一段时间，荆轲还没有要行动的意思。这时，秦国大将王翦已经攻破赵国的都城，俘虏了赵王，把赵国的领土全部纳入秦国的版图，随后向北进军，逼近燕国南部边界。

太子丹非常害怕，请求荆轲说："秦国军队早晚要横渡易水，到那时就算我想要长久地侍奉您，又怎么能办得到呢？"

荆轲说："太子就是不说，我也要向您请求行动了。不过现在去秦国，手里必须要有能让秦王相信我的东西，否则我不可能接近他。那个樊将军，秦王悬赏千金、封邑万户要取他的首级。如果我将樊将军的脑袋和燕国督亢的地图献给秦王，秦王一定乐意接见我，这样我就有机会报效您了。"

太子丹说："樊将军在穷途末路时来投奔我，我不忍心为自己的事而伤害这位长者的心，希望您能想想别的办法。"

荆轲明白太子丹不忍心，于是就自己去见樊於期，对他说：

"秦国对待将军实在太残酷了，不仅把您的父母以及整个家族都杀了，现在还悬赏千金、封邑万户来取将军的首级，您打算怎么办呢？"

樊於期仰望苍天，叹息流泪说："每次我想到这些，就痛恨不已，但也想不出办法来。"

荆轲说："现在我有一句话，可以解除燕国的祸患，还能洗雪将军的仇恨，您想听一听吗？"

樊於期上前问："怎么说？"

荆轲说："我希望得到将军的首级献给秦王，秦王一定会高兴地召见我。然后我就左手抓住他的衣袖，右手将匕首刺进他的胸膛，那么将军的仇恨可以洗雪，燕国被欺压的耻辱也可以涤除了，将军是不是也有这个心意呢？"

樊於期一听，立刻脱掉一边的衣袖，露出臂膀，用一只手紧紧握住另一只手的手腕，走到荆轲跟前说："我日日夜夜咬牙切齿、碎心煎熬，正是想要报仇啊，今天承蒙您的教诲！"说完就自刎了。

太子丹听到这个消息，急忙赶来，趴在尸体上痛哭，极其悲哀。但事情既然已经这样，他只好把樊於期的首级装到匣子里密封起来。

◉ 易水边送行

在这之前，太子丹已从赵国徐夫人那里花了百金买了把锋利的匕首，让工匠淬上毒水，然后用人试验，只是一点点的划伤，就能让人立刻死去。

准备妥当后，太子丹就要送荆轲出发。

燕国有个叫秦舞阳的人，十三岁就杀了人，别人都不敢正面看他。太子丹就派秦舞阳作为荆轲的助手，一起去秦国。

然而荆轲迟迟没有动身。他在等一个人，那个人住得很远，还没赶到。

太子丹认为他在拖延时间，怀疑他反悔，就催促说："日子不多了，荆卿有动身的打算吗？请让我派秦舞阳先行吧。"

荆轲很生气，斥责太子丹说："您这是什么意思？只顾着去却完不成使命，那是没用的！况且现在是要拿着匕首进入强暴的秦国，更要计划得周全一些。我没有马上动身，是等待另一位朋友同去。既然您认为我在拖延时间，那就告辞吧！"说完就出发了。

太子丹及知道这件事的宾客，都穿戴着白衣白帽为荆轲送行。

到了易水岸边，祭祀过神灵后，荆轲就上路了。高渐离击筑，荆轲和着节拍唱起苍凉凄婉的曲调，送行的人听了都流泪哭泣。

荆轲一边向前走一边唱道："风萧萧兮易水寒，壮士一去兮不复还！"

送行的人激动得睁大眼睛，头发直竖，把帽子都顶了起来。

荆轲上车走了，连头也不回。

◉ 刺秦失败

到了秦国，荆轲将价值千金的礼物，赠送给秦王的宠臣中庶子蒙嘉。

蒙嘉于是在秦王面前说："燕王因为被大王的威严震慑得心惊胆战，不敢出动军队抗拒大王的将士，愿意让整个燕国做秦国的臣子，像秦国直属的郡县那样纳税，只希望能继续奉守燕国先王的宗庙。燕王因为惶恐而不敢亲自前来陈述，便砍下樊於期的首级并献上燕国督亢地区的地图，装匣密封，派出使臣来向大王禀明，请大王指示。"

秦王听到这个消息，非常高兴，就穿上礼服，在咸阳宫隆重召见燕国的使者。

荆轲捧着装有樊於期首级的匣子，秦舞阳捧着装有地图的匣子，按照正、副使的次序前进。走到殿前台阶下时，秦舞阳脸色突变，害怕得全身发抖，大臣们都感到奇怪。

荆轲回头朝秦舞阳笑笑，上前谢罪说："来自北方藩属野蛮之地的粗人，没有见过天子，所以心惊胆战。希望大王能宽容他，让他能够在大王面前完成自己的使命。"

秦王对荆轲说："拿地图过来。"

荆轲取过地图献上。秦王展开地图，图卷展到尽头，匕首露出来。

荆轲趁机用左手抓住秦王的衣袖，右手拿匕首直刺秦王的胸膛。秦王大惊，立刻跳了起来，挣断了衣袖。慌忙之中，秦王想要抽剑，但剑太长，剑又套得很紧，不能立刻拔出。

荆轲追赶秦王，秦王绕着柱子跑。因为事情发生得太突然，大臣们都吓坏了。

秦国的法律规定，殿上的大臣不许携带任何兵器，侍卫们也只能拿着武器守在殿外，没有皇帝的命令，不能进殿。危急时刻，秦王来不及传唤殿外的侍卫，荆轲才能追赶秦王。

惊慌急迫间，秦王只能赤手空拳对付荆轲。

这时，侍从医官夏无且用他随身携带的药袋扔向荆轲。

正当秦王围着柱子跑，仓促慌急，不知该怎么办的时候，左右大臣大喊道："大王，把剑推到背后！"

秦王把剑推到背后，这才拔出宝剑攻击荆轲，砍断了他的左腿。

荆轲残废后，就举起他的匕首直接向秦王投刺，没有击中，只击中了铜柱。

秦王又接连刺向荆轲，荆轲

被刺伤八处。

荆轲自知已不能刺杀秦王，就靠在柱子上大笑，张开两腿坐在地上骂道："大事没能成功，是因为我想活捉你，叫你订立归还诸侯土地的契约，好回报太子丹。"

这时侍卫们冲上前来杀死了荆轲。

事后，秦王赏赐群臣，赐给夏无且黄金二百镒，说："无且爱护我，才用药袋扔荆轲啊。"

接着，秦王命令王翦率领军队攻打燕国，十月攻克了燕国的国都蓟城。燕王喜、太子丹率领剩余的燕国精锐部队向东退守辽东。秦将李信紧紧追击燕王。

赵国的代王嘉写信给燕王喜说："秦军之所以紧追不舍，完全是因为太子丹。您如果杀掉太子丹，把他的人头献给秦王，秦王一定会宽恕我们，社稷或许也能保住。"

太子丹隐藏在衍水河一带，燕王就派使者杀了太子丹，把他的人头献给秦王。但秦国没有停止攻打燕国。四年后，秦国终于灭掉了燕国，俘虏了燕王喜。

◉ 高渐离的一击

第二年（公元前 221 年），秦王吞并了天下，立号为皇帝。接着，他下令抓捕太子丹和荆轲的门客，然而门客们都已经逃走了。

高渐离更名改姓隐藏在一个叫宋子的地方，给人家做杂工。

有一次，他听到主人家堂上有客人在击筑，他便走来走去，舍不得离开，还评论说："那筑有击得好的地方，也有不好的地方。"

一旁的人把高渐离的话告诉了主人，主人便叫高渐离到堂前击筑，宾客们都说他击得好，赏他酒喝。

高渐离考虑到这样隐姓埋名、担惊受怕地躲藏下去，看不到尽头，便退下堂来，拿出自己的筑和衣裳，再次来到堂前。宾客们大吃一惊，全都离开座位，用平等的礼节接待他，尊他为上宾。

高渐离击筑唱歌，宾客们听了，个个都被感动得热泪盈眶。

宋子城里的人轮流请他去做客，这一消息被秦始皇听到，于是召他觐见。有认识他的人，就说："这人是高渐离。"

秦始皇怜惜他擅长击筑的才华，赦免了他的死罪，但弄瞎了他的眼睛。每次让他击筑，秦始皇没有一次不说好的。

高渐离越来越接近秦始皇。他便把铅水注入筑中，以增加筑的重量。进宫击筑靠近秦始皇时，他举起筑撞击秦始皇，没有击中。

秦始皇杀了高渐离，此后再也没接近过六国的人。

鲁句践听说荆轲刺杀秦王的事后，私下说："唉！荆轲太可惜了，他不讲究刺剑的技术，而我也太不了解这个人了！过去我呵斥他，他就以为我跟他不是同路人。"

历史启示录

　　真正的英雄，是明知不可为而为之。面对不可抗拒的历史洪流，有的人选择顺流而下，有的人则选择逆流而上，比如荆轲。

　　荆轲当然知道壮士一去兮不复还，更明白以一人之力，根本阻止不了秦国统一天下的步伐。他之所以愿意去刺杀秦王，是为了实践自己的理想。

　　他不是一个伟大的刺客，但是他展现出的胆识与忠心，已足够让世人尊重。

流血的仕途 | 李斯、赵高的故事 |

◉ 李斯的感慨

李斯是楚国上蔡人。他年轻时，在郡里当小吏。他看到厕所里的老鼠在吃脏东西，每逢有人或狗走来时，它就受惊跑了。与此形成对比的是，他看到粮仓中的老鼠，吃的是囤积的粟米，住在大屋子里，完全不用担心人或狗的惊扰。于是李斯感慨道："一个人有没有出息，就跟老鼠一样，是由自己所处的环境决定的。"

于是李斯跟随荀子学习帝王之术，想要以此出人头地。完成学业之后，李斯认为楚王不值得侍奉，而崤山以东的另外五国也都衰弱不堪，放眼天下，只有秦国有一统四海的大志，是个能让平民百姓建功立业的希望之地，就想西行到秦国去。

他向荀子辞行说："我听说一个人要是遇到机会，千万不能错过。如今秦王想吞并各国，称帝治理天下，这正是平民施展抱负的好机会。做人最大的耻辱是卑贱，最大的悲哀是贫穷。长期处于卑贱的地位和贫困的环境之中，却还要标榜自己与世无争，这不是我的本愿，所以我要到西边去游说秦王。"

◉ 做了秦国的丞相

到了秦国后，李斯到吕不韦府中做门客。吕不韦很赏识他，任命他为秦王的侍从郎官。李斯因此有了游说秦王的机会。

他对秦王说："平庸的人往往失去时机，而一些人之所以能成就大业，在于他能利用机会。从前秦穆公虽然是霸主，却没有东进吞并天下，这是为什么呢？原因在于当时还有很多诸侯，周天子的德望也没有衰落，因此五霸交替兴起，相继推尊周朝。然而自从秦孝公以来，周朝越来越衰弱，诸侯之间互相攻伐，函谷关以东只剩下六个国家。以秦国现在的强大和大王的贤明，足以扫平诸侯，统一天下，成就帝业，这是千载难逢的大好时机。如果现在不抓紧，等到诸侯强盛起来，又订立合纵盟约，那么秦国就很难吞并它们了。"

秦王认为李斯的话很有道理，就任命李斯为长史，依照他的计谋，暗中派遣谋士带着珍宝去各国游说。对各国的名士，能收买的，就多送财物加以收买；不能收买的，就暗地里杀掉。这是离间诸侯国君臣关系的手段，成功后，秦王就派良将去攻打。

李斯以自身的才干得到秦王重用，被秦王封为客卿。

这个时候，韩国人郑国以帮助秦国修筑水渠为名，来到秦国做间谍，不久被发觉。

秦国的王族和大臣们都对秦王说："从各诸侯国来侍奉大王的人，大都是为他们的国君来做间谍的，请大王把他们全都驱逐出去。"

李斯也要被驱逐。于是他就上书秦王，说："我认为驱逐客卿是错误的。从前秦穆公招来由余、百里奚、蹇叔、丕豹、公孙友，这五个人都不是秦国人，而秦穆公重用他们，吞并了二十多个国家，成为一代霸主；秦孝公采用商鞅的新法，国家因此富足强大；秦惠王用张仪的计策，瓦解了六国的合纵联盟，使他们臣服秦国；秦昭王得到范雎，像蚕吃桑叶一般，逐渐吞并各诸侯国，奠定了秦国统一天下的基础。这四位君主，都是依靠了客卿的力量。由此看来，客卿没有对不起秦国的。昆山美玉、随侯之珠、和氏之璧，还有明月珠、太阿剑、纤离马、翠凤旗、灵鼍鼓，这些宝物没有一样是秦国出产的，但大王您都非常喜欢，经常把玩使用。现在您用人却不是这样，不管这个人能不能用，只要不是秦国人就一律驱逐。这样看来，大王看重的是珍珠宝玉，而不是人才。这并不是统一天下、制服诸侯的方法。地不分东西南北，民不分这国那国，一年四季五谷丰登，神明也赐予福泽，这就是三皇五帝能够治理天下的原因。现在大王您抛弃宾客，使他们为其他诸侯国所用，这样会让天下有才之士不敢进入秦国，这正是人们所说的'把武器借给敌人，将粮食送给盗贼'啊！不是秦国出产的物品，珍贵的有很多；不是秦国出生的贤才，愿意效忠的也不少。现在您驱逐客卿来资助敌国，对内削弱自己，在外又和诸侯结怨，这样下去，要让国家安定是不可能的。"

秦王看完李斯的上书，就废除了逐客令，恢复了李斯的官职。后来，李斯的官位升到廷尉，列位九卿。

二十多年后，秦国统一了天下，秦王被尊称为"皇帝"，史称"秦始皇"任命李斯为丞相。

◉ 富贵荣华到了极点

秦始皇三十四年（公元前 213 年），皇帝在咸阳宫设宴招待群臣，仆射周青臣等人称颂秦始皇的盛德。

齐人淳于越却说："我听说殷商和周朝之所以统治达一千多年，是因为分封子弟及功臣作为臂膀辅翼。现在皇帝您虽统一天下，但子弟还是平民百姓，要是出现了祸患，朝中又没有强有力的大臣辅佐，靠谁来救呢？办事不学习古代经验而能长久的，我还没有听说过。"

他还指出，周青臣等人当面阿谀奉皇帝，加重皇帝的错误，不是忠臣。

秦始皇把淳于越的建议交给李斯处理。

李斯认为淳于越的观点很荒谬，因此上书给皇帝，说现在天下一统，海内共同尊崇皇帝一人，而那些诸子百家却随意批评朝廷制定的法令，还致使百姓诽谤皇帝。这样下去，君主的威望就会下降。

他建议："把人们收藏的《诗》《书》等典籍，一概销毁。命令下达三十天之后，如果有人不服从，就判处黥刑，并罚他去做苦役。只有医药、占卜和种树的书籍不用销毁，如果有人想学习法令，就拜官吏为师。"

秦始皇批准了他的建议，销毁了《诗》《书》等典籍，使人民愚昧无知，同时让天下人无法用古代的事来批评当前的朝廷。

第二年，秦始皇四处巡视，平定了四方少数民族，这些行动，李斯都出了不少力。

李斯的长子李由担任三川郡守，李斯几个儿子娶的都是秦国的公主，女儿们嫁的都是秦国的皇室子弟。

有一次，李由请假回咸阳，李斯为他在家中设下酒宴，文武百官都前去给李斯敬酒祝贺，门前来往的车马数以千计。

李斯看到这些，长叹道："哎呀！我听荀卿说过'做事情不能太过头'。我李斯原是上蔡的平民，生活在贫穷破旧的街巷，皇帝不嫌弃我才能低下，把我提拔到这样高的地位。如今，做臣子的没有人比我的地位更高，可以说是富贵荣华到了极点。然而事物发展到极点就会开始衰落，我不知道以后自己会是什么结局。"

◉ 赵高的阴谋

秦始皇三十七年（公元前 210 年）十月，秦始皇巡游来到会稽山，接着北上到达琅琊山。丞相李斯和中车府令兼符玺令赵高都一路随行。

秦始皇有二十多个儿子，长子扶苏因多次直言劝谏皇帝，被皇帝派到上郡，做将军蒙恬的监军。小儿子胡亥很得宠，秦始皇这次巡游，他要求随行，秦始皇答应了。其他的儿子都不让跟着去。

这一年七月，秦始皇达到沙丘，病得非常严重，便命令赵高写诏书给公子扶苏，说："把军队交给蒙恬，赶快到咸阳主持葬礼。"

诏书已封好，没等交给使者，秦始皇就死了。

这时候，诏书和印玺都在赵高手里，而秦始皇死了这件事，只有胡亥、李斯和赵高以及皇帝身边的几个亲信宦官知道，其余

大臣都不知道。

李斯认为皇帝在外面去世，又没正式确立太子，所以应该保守秘密，于是把秦始皇的尸体安放在一辆既能保温又能通风的车子中，百官奏事和进献饮食还像往常一样，宦官则假扮皇帝，在车里批复百官奏事。

赵高要立胡亥为皇帝，便扣留了秦始皇赐给扶苏的诏书，对胡亥说："皇帝去世了，只给长子扶苏一封诏书。长子从上郡回来后，就会立刻登位当皇帝，而你却连一块封地也没有，这怎么办呢？"

胡亥说："我听说，圣明的君主最了解自己的臣子，圣明的父亲最了解自己的儿子。父亲临终前既然只给大哥赐了诏书，而没有分封其他儿子，那还有什么可说的呢？"

赵高说："事情不是这样的。当今天下的权柄，所有人的生死存亡，都掌握在你、我还有李斯手上，希望你能好好考虑。更何况驾驭群臣和被别人驾驭，统治别人和被人统治，是不可以同日而语的！"

胡亥说："废除兄长而立幼弟，这是不义；不服从父亲的命令，这是不孝；自己才浅德薄，依靠别人而勉强登位，这是无能。这三件事都是大逆不道的，天下人不会服从，我自身也会遭受灾祸，国家还会灭亡。"

赵高说："商汤、周武杀死他们的君主，天下人没有不称赞他们的，这不能算是不忠。卫君杀死他的父亲，而卫国百姓没有不称颂他的功德，孔子记载了这件事，这不能算是不孝。办大事不能拘小节，行大德也用不着再三谦让。关键时刻犹豫不决，将来一定会后悔。毫不犹豫地去做，将来一定会成功。希望你按我说的去做。"

胡亥还是下不了决心。

赵高说："要抓紧时机啊，再犹豫下去，一切都晚了！"

胡亥最终同意了赵高的计划。

◉ 为保权位，参与阴谋

赵高说："这件事不和丞相商议，恐怕不能成功，我希望能替你去跟丞相谋划。"

赵高就去找李斯，对他说："皇帝去世了，赐给长子扶苏诏书，命他到咸阳主持丧礼，这是让他继位。诏书还没发送出去，皇帝去世也没人知道。谁当太子只在于你我的一句话。你看这事该怎么办？"

李斯一听这话，严肃地说："你竟说出这种亡国的话！这不是人臣应当议论的事！"

赵高说："您不想想，和蒙恬比，谁有本事？谁的功劳更高？谁的谋略更深远？谁更受天下百姓拥戴？说到与扶苏的关系，您与蒙恬，哪个亲近？"

李斯说："在这五个方面我都不如蒙恬，但您为什么要这样苛求我呢？"

赵高说："我在宫中二十多年，还没见过被皇帝罢免的丞相和功臣能有好结果的，最后他们都被杀身亡。皇帝有二十多个儿子，这您是知道的。长子扶苏刚毅勇武，信任人而又善于激励人，即位之后，他一定会任用蒙恬做丞相，而您最终也不能逍遥自在地做您的通侯。我受皇帝之命教导胡亥，让他学习律法已经很多年了，还没见过他犯过什么错。胡亥为人慈悲仁爱，诚实厚道，轻视钱财，尊重士人。在皇帝的儿子中，没人能比得上他，我认为可以立他为太子。请您考虑一下。"

李斯说："您还是本分些吧！我李斯尊奉皇帝的遗诏，听从上天的旨意，哪里需要考虑什么？"

赵高说："有时候看似安全实际上却很危险，看似危险但也可以转变局面。在安危的关键时刻不早做决定，又怎么能算是圣明的人呢？"

李斯不为所动，说："我本是上蔡的平民百姓，承蒙皇帝提拔为丞相，封为通侯，子孙都获得了尊贵的地位和优厚的待遇，皇帝把国家的重任托付给我，我怎么能辜负他呢？做臣子的，就应该各守各的职分。您不要再说了，不要让我跟着您犯罪。"

赵高说："这世上哪里有什么一成不变的道理，您连这个都看不到吗？"

李斯说："晋国换太子，三代不得安宁；齐桓公与兄弟争夺王位，哥哥被杀死；商纣王杀死亲戚，又不听臣下劝谏，危及社稷。这三件事都违背天意，所以到最后宗庙没人祭祀。我李斯还没糊涂，绝不会参与这些阴谋！"

赵高不想再与李斯讨论下去，直接告诉他其中的利害："您如果听从我的计划，就能长保封侯，并世代相传。要是不听从我，就会祸及子孙。聪明人总能将祸患化为福分，您到底想怎么做呢？"

李斯动摇了，仰天长叹一声，流着泪说道："唉！偏偏遇到乱世，既然不能以死尽忠，还能到哪里去托付性命呢？"

于是李斯听从了赵高的安排。

◉ 秦二世胡作非为

随后他们伪造了秦始皇的诏书，立胡亥为太子，又伪造了一份盖有皇帝印玺的诏书赐给扶苏。诏书上说："扶苏作为人子而不孝，赐剑自杀！蒙恬不纠正他的错误，作为人臣而不忠，一同赐死。"

扶苏看过使者送来的诏书后就哭了起来，进入房间准备自杀。

蒙恬阻止了扶苏，说："皇帝巡游在外，没有立下太子，派我带领三十万大军守卫边疆，公子担任监军，这是关系天下的重任啊。现在只是来了个使者，您就要自杀，怎么知道其中有没有假呢？希望您问个清楚，有了回答之后再死也不晚。"

使者这时在一旁连连催促。扶苏为人仁爱，对蒙恬说："父亲命令儿子去死，还请示什么？"说完就自杀了。

蒙恬不肯自杀，使者立刻把他交给法吏，关在阳周。蒙恬最后还是自杀了。

使者回来汇报后，胡亥、赵高和李斯都非常高兴。

等车队到了咸阳，他们便发丧，立胡亥为二世皇帝。胡亥任命赵高为郎中令，在宫中服侍，赵高由此掌握了大权。

秦二世胡亥登基后对赵高说："我既然已经做了皇帝，想满足自己所有的乐趣，同时也想使国家安宁，百姓欢欣，永保江山。你说，这种想法行得通吗？"

赵高说："您是贤明的君主，这些是能够做到的，但眼下迫切要解决的并不是这些事情。我说句不怕杀头的话，您做了皇帝后，您的那些兄长以及朝中的一些大臣心中多有怨恨，我担心他们要闹事。再则蒙恬虽然死了，但他的弟弟蒙毅还在外面带兵，我整天为此提心吊胆，害怕您会有不好的结果。"

秦二世说："那怎么办呢？"

赵高说："诛杀疏远您的兄弟以及先帝的旧臣，让您信任的人在朝廷为官，这样他们就会对您感恩戴德，陛下您就能够高枕无忧，纵情享受了。"

秦二世听从赵高的话，处死了蒙毅，在咸阳街头斩杀了十二位公子，在杜县处死了十位公主。这些人的财物全都归秦二世所有，连带一同治罪的人不计其数。

◉ 李斯顺从秦二世

秦二世的法令刑罚一天比一天残酷，群臣人人自危，百姓也不得安宁，想反叛的人很多。

秦二世为完成秦始皇遗愿，继续修建阿房宫，还修筑直道和驰道，赋税一天比一天重，兵役和劳役没完没了。

秦朝的暴政让人无法忍受，于是从楚地征来戍边的陈胜、吴广等人就起来造反，各地英雄豪杰群起响应。陈胜、吴广自立为王，反叛秦朝。他们的军队一直打到鸿门才被秦军击退。

李斯多次想找机会向秦二世单独进谏，但秦二世不允许，还责备李斯说："把治理天下看得无比重要的人，他的目的难道就是想劳心费力，住破旧的房子，吃下等人的食物，干奴隶才干的活吗？贤明的人是不会去做那种事的。贤明的人治理天下，只是用天下这样一个东西来满足自己的欲望而已，所以他们才把治理天下看得那么重要。人们所说的贤明之人，如果连让自己快活都做不到，又怎么能治理天下呢？所以我想随心所欲，永远享有天下而没有灾祸，你说我应该怎么做呢？"

这时，吴广等人率领起义大军向西进攻，经过三川郡，郡守李由没办法阻挡他们。秦朝大将章邯在打败吴广等人的军队后，派了一个又一个使者去三川调查，责问李斯身居三公之位，为什么让盗贼猖狂到这种地步。

李斯很害怕，又特别看重自己的爵位俸禄，不知道该怎么办，思来想去，就想顺从秦二世的心意，以求得宽容，便上书回答秦二世如何"随心所欲，永享天下"的问题说："贤明的君主，是对臣民严加督责的君主，这样，臣民就会为君主效死命，君主才能统治天下而不受任何约束，享尽极致的乐趣。所以，申不害说：'占有天下要是不懂得纵情享受，这是把天下当成束缚自己的镣铐。'拼命为百姓做事，那是百姓的仆人，并不是统治天下的帝王，有什么尊贵可言的呢？服从别人的人卑贱，让别人服从的人才最尊贵，从古到今都是这样。韩非子说：'慈母只会养出败家的儿子，严厉的主人家里没有嚣张的奴仆。'所以商鞅规定，在道路上撒灰的人就要判处重刑。在道路上撒灰怎么说都是轻罪，而商鞅却处以重刑。只有贤明的君主才会这么严厉。轻罪尚且严厉惩罚，重罪就可想而知了，所以百姓不敢犯法。圣明的君主能够长期掌握大权，独占天下的利益，并不是他们有什么特殊办法，而是在于他们能够独揽大权，精于督责，对犯法的人严厉处罚，所以天下没一个人敢违逆。圣明的君主是不会让节俭仁义、忠贞不渝的人在朝堂上的，他只会独掌大权以驾驭言听计从的臣子，建立严厉的法令统治天下，只有这样，自身才会显得尊贵。君主有了尊严，才能随心所欲，之后国家才能富强。国家富强了，君主才能得到更多的享受。所以，统治驭下之术一确立，君主就能满足所有的欲望。群臣百姓想补救自己的过失都来不及，哪里还敢造反？"

秦二世看过这份上书后，非常高兴，于是更加严苛地督责大臣，赞扬那些向百姓征收重税的官吏。当时路上的行人，有一半都受过罚，街市上每天都堆满了被处死的人的尸体。

◉ 李斯被灭三族

赵高担任郎中令的时候，杀了很多人，他怕大臣们在上朝时向秦二世揭发自己，就对秦二世说："天子的威望，在于只能让大臣听到声音，不能让他们看到样貌。陛下您不妨深居宫中，跟我以及熟悉律法的侍中在一起，大臣有公事上奏，我们就可以研究决定。这样，大臣们就不敢为难陛下，天下百姓也会称您为圣明之主。"

秦二世听从了赵高的主意，不再上朝，而是深居宫中，一切公事都由赵高决定。

赵高听说李斯对此不满，就找到李斯，假意问他："函谷关以东的叛贼越来越猖狂，皇帝却还是征发劳役修建阿房宫，搜集狗马这种没用的玩物。我本想着去劝谏，可是我的地位实在卑贱，您身为当朝丞相，怎么不去劝谏呢？"

李斯说："我其实早就想去劝谏皇帝了。可现在皇帝不上朝听政，常居深宫，我有心想劝，却又不便让别人转达，想见皇帝又没有机会。"

赵高说："丞相如果真能劝谏皇帝，请让我替您打听。皇帝一有空闲，我立刻通知丞相。"

没多久，赵高趁秦二世与妃子嬉闹的时候，派人告诉丞相说："皇上现在有空，您可以进宫奏事了。"

李斯于是就去求见，秦二世一听，气得暴跳如雷，说："我平时有很多空闲的日子，丞相却不来。现在我玩得正高兴，丞相就来奏事，他这是没把我放眼里啊！"

赵高趁机诬陷李斯说："丞相当初参与了沙丘的密谋，如今您即位做了皇帝，而丞相什么都没得到，因此很不满，大概您封他为王，他才高兴。另外，丞相的大儿子李由担任三川郡守，而楚地的叛贼陈胜等人都是丞相故乡邻县的人，所以他们才敢造反。经过三川时，李由只是守城而不组织进攻。我还听说他们之间有书信来往，但我还没有得到真凭实据，所以没向您报告。而且丞相在朝堂之外，权力比您还大，我也害怕他报复我。"

秦二世想惩处李斯，但又担心情况不实，就派人去调查李由与陈胜等人勾结的情况。李斯知道了这件事，才明白自己中了赵高的圈套，便想觐见秦二世，当面说清楚。

秦二世正在甘泉宫观看表演，侍卫不让李斯进去。李斯只好上书揭发赵高，说他贪得无厌，谋反是迟早的事，提醒秦二世要有所防备。

秦二世不相信赵高会背叛自己，反而认为李斯是在诬陷赵高，便把他交给赵高查办。赵高随即命人将李斯套上刑具，关进监狱。

李斯仰天长叹道："哎呀！可悲啊！这样一个昏君，我竟然还为他出谋划策！从前夏桀杀死关龙逢，商纣杀死比干，夫差杀死伍子胥。这三个大臣，个个忠心，却还是被害而死，这是因为他们所忠非人啊。现在我的才智远远不如这三个人，而二世的暴虐无道超过了桀、纣和夫差，我因尽忠而死，也是应该的呀。如今天下已经有一半的人造反了，但二世还不醒悟，居然还任用赵高做辅佐大臣。我一定能看到盗贼攻进咸阳，麋鹿漫步于荒废的宫廷里的那一天。"

赵高要害死李斯，便查问李斯和其长子李由所谓"谋反"的罪状。为了让李斯认罪，赵高严刑拷打他。李斯忍受不了折磨，只好含冤招供了。

李斯之所以没自杀，是他自负能言善辩，又立有巨大的功劳，他希望能上书为自己辩护，期盼皇帝赦免他。

李斯写完奏书后，被赵高拦下丢在一边，说了一句："罪犯怎么能上书？"

赵高派十多个门客假扮成御史、谒者、侍中，轮流审问李斯。李斯更改原先的口供，以实话对答，那些人就叫人再拷打他。后来，二世派人去验证李斯的口供，李斯以为还和前几次一样，就不再改口供，索性承认了自己的罪状。

赵高把李斯的供词呈给皇帝，秦二世高兴地说："没有赵君，我差点儿就被丞相出卖了。"

等秦二世派的使者到达三川郡调查李由时，义军中的项梁已经杀掉李由。使者返回咸阳时，李斯正好被关进监狱，赵高就编造了一套李由谋反的说辞。

秦二世二年（公元前208年）七月，李斯被判在咸阳街市上腰斩。

李斯同他的次子一起被押赴刑场。

临刑前，李斯对次子说："我多想和你牵着黄狗，一同出老家的东门去追逐狡兔，可是再也做不到了！"

父子二人相对痛哭。

赵高不仅处死了李斯，还灭了他的三族。

◉ 秦朝灭亡

李斯死后，秦二世任命赵高为丞相，大小政事都由赵高决定。

赵高自知权力过重，怕众人不服，就向秦二世献上了一只鹿，称它为马，想以此试探大臣们的态度。

秦二世问众臣："这是鹿吧？"

大臣们都说："这是马。"

秦二世以为自己迷糊了，就召来太卜算卦。

太卜说："陛下春秋两季到郊外祭祀，态度不虔诚，所以才这样。您可以再虔诚地斋戒一次。"

秦二世就到上林苑中去斋戒。可他依旧不虔诚，整天在上林苑里游玩打猎。一次，有个行人不小心走进上林苑，被秦二世射死。

赵高就劝秦二世："天子无缘无故杀死没有罪的人，这是上天不允许的，神灵也不会接受您的祭祀。为了躲避上天的惩罚，您应该搬到别的宫殿去。"

秦二世于是搬到望夷宫去居住。

秦二世在望夷宫住了三天后，赵高假传秦二世的命令，让卫士们都穿着白色的衣服，手持兵器面向宫内，然后赵高进宫对秦二世说："崤山以东的强盗已经杀进来了！"

秦二世上楼台一看，宫外全都是身穿白衣、假扮强盗的士兵，非常恐惧，赵高趁这个机会逼迫秦二世自杀。

秦二世死后，赵高取过皇帝印玺带在自己身上，身边的文武百官没有一个人跟从他。等他登上大殿，大殿震动了好几次。

赵高自知上天不打算把皇帝之位交给他，那些大臣也不会同意，就把印玺交给了秦始皇的弟弟子婴。

子婴即位之后，担心赵高再次作乱，就假称有病不上朝，与宦官韩谈以及自己的儿子商量怎样杀死赵高。

一天，赵高前来求见，询问子婴的病情。子婴把他召进宫里，命令韩谈杀了他，随后诛灭了他的三族。

三个月后，刘邦的军队从武关打进来，到达咸阳，秦朝的文武百官都已叛秦，不再抵抗起义军。

子婴和妻子儿女用丝带系住自己的脖子，到轵道亭旁投降，刘邦把他们交给部下看押。项羽到达咸阳后把他们杀死，秦朝就这样灭亡了。

历史启示录

人往往在一念之间，做出了改变自己命运的决定，如果他身在庙堂，改变的或许还有整个时代的走向。

李斯有两个人生转折点，一次是告别家乡的小吏生活，跟随荀子学帝王之术，而后西去秦国，大展才能。一次是在赵高的威逼利诱下，与赵高合谋，篡改遗诏，开启了秦朝的灭亡之路。

赵高看出了李斯对权位的贪恋，拉他与自己成为一根绳子上的蚂蚱。赵高不简单，他懂得私利对一个人的腐蚀。虽然李斯与赵高有本质的不同，但他最终与赵高一样，都死在了"私利"二字上。

重振皇帝的威严 | 叔孙通的故事 |

◉ 逃出虎口

叔孙通是鲁国薛县人，鲁国是孔子的故乡，叔孙通又是儒生，礼仪之事是他的看家本领；因此在秦朝时被朝廷征召，等待被任命为博士。

过了几年，陈胜、吴广在东边起兵，使者将这一情况报告给了朝廷。

秦二世召集博士以及许多儒生，问他们："诸位，你们说说，这陈胜、吴广大闹，究竟是怎么回事？"

三十多位博士和儒生异口同声地说："他们这是造反，皇上快派兵镇压。"

叔孙通一见秦二世脸色不好，急忙说："陛下，始皇帝统一六国后，天下都是一家了，兵器早就毁了。再说，有像你这么贤明的陛下，人人守法，哪里有什么反贼？陈胜等人不过盗鸡偷狗之人，只是势力大了一点点，交给当地的郡守和都尉处理就得了，何劳陛下费心？"

秦二世转而再问那些博士和儒生，那些不知变通的人，仍坚持反贼之说，全都被斩了。而附和叔孙通之说的人都被罢免了。秦二世赏赐给叔孙通二十匹帛和一身衣服，正式拜为博士。

叔孙通回到家，那些被罢免的儒生纷纷上门来指责："你为什么曲意阿谀奉承？"

"你们还不知道吗？我差一点逃不出虎口了！"话刚说完，叔孙通就逃了。他逃到薛县，跟随项梁；项梁兵败，又跟随楚怀王；楚怀王去长沙，他便留下侍奉项羽；之后在彭城投降刘邦，投降刘邦后就没再变换过主公。

◉ 定朝堂礼仪

起初，叔孙通穿儒服，刘邦看了很是厌恶，于是他就改穿同刘邦一样的短衣裳，刘邦看到后就很高兴。

叔孙通降汉，跟随他的学生有百人之多，但是叔孙通没有推荐他们入朝为官，学生们都有点怨愤之意。叔孙通告诉他们少安毋躁，迟早有一天他会想办法让这些学生发迹。汉高祖封叔孙通做博士，赐号稷嗣君。

汉高祖五年（公元前202年），天下一统，各路诸侯共同推举刘邦为皇帝，在定陶即位。叔孙通负责各种仪式与称号的制定。

刘邦初登大宝，位居九五，废除了秦朝烦琐严苛的礼仪法度，希望能简便行事。刘邦手下的开国武将大多为平民出身，粗俗无礼，喝了点酒就肆意争功不止。

这一日，刘邦又大宴群臣。起初诸将恭敬有礼，开口闭口都是皇帝来皇帝去的，刘邦心里也痛快。可是，两杯酒下肚，诸将就满口粗话，与市井流氓无异。再多喝几杯，诸将就满口胡话，甚至拔剑砍大殿中的立柱。有几位不识轻重好歹的，竟然攀上刘邦的龙椅，对刘邦拉拉扯扯，尽说些刘邦过去的丑事。见此情景，刘邦的脸色越来越凝重，思前想后，一颗心烦乱难宁。

叔孙通知道刘邦越来越讨厌大臣们的这种行为，于是进言道："儒生虽然不能助陛下攻城略地，却可以助陛下守住大汉江山。臣希望征召鲁地的一些儒生，跟臣的学生们一起制定朝廷仪礼。"

刘邦问道："朕是觉得秦朝那一套礼仪过于麻烦，才将之废掉，若是你的礼仪也是一套一套的，不如不用。"

叔孙通道："礼仪全是因世事之情况制定，因此三皇五帝都有不同的礼仪，夏、商和周三朝的礼仪也是在此基础上经过损益而得。陛下放心，臣制定的朝廷仪礼不繁复，只采取历朝历代的精华，全都会符合陛下的心意。"

于是，叔孙通就带领他的学生在城郊整日演习礼仪，一个多月后，他请刘邦观赏。刘邦试演了一遍，觉得不错，就下令群臣学习。

汉高祖七年（公元前 200 年）十月，大汉的朝臣都在长乐宫，一起表演了今后延续不衰的朝礼，那规模、那排场、那气势，委实不小。

天刚亮，执礼官就引领车骑、戍卒、卫官次第而入，排礼兵、插旌旗，一声"趋"，大殿中登时站满几百人，人人肃静，队伍整齐。诸将列在西方，面向东；文臣站东方，面向西。刘邦乘帝辇而出，传警声大作，诸官员按级别次第朝贺。

朝拜完毕，群臣归座，又依次向皇帝敬酒。喝过九遍，礼才完毕。从朝拜到敬酒，没一人敢高声喧哗，甚至大气都不敢出一口。刘邦极是满意，威严地说："直到今天，朕才知道做皇帝的显贵。"随即便升叔孙通为太常侍，赏赐黄金五百斤。

叔孙通说："我的学生跟随我已经很久了，他们同我一起演练礼仪，盼望陛下也给他们个官做。"刘邦于是便任命叔孙通的学生为郎官。

叔孙通将皇帝赏赐的黄金全都分给了他的学生。他的学生很高兴，都说叔孙通是当世圣人，最能知道天下事务。

⦿ 力保太子

汉九年（公元前 198 年），刘邦任命叔孙通为太子太傅，做太子刘盈的老师。汉十二年（公元前 195 年），刘邦想改立赵王如意为太子。

叔孙通劝谏刘邦："曾经晋献公就是因为爱骊姬，将太子给废了，另立骊姬的儿子奚齐为太子，结果导致晋国的内乱持续几十年，这已经是天下的笑话了。秦朝也是因为不早早将扶苏的太子之位给定下，才使得赵高将胡亥立为太子，弄得祖宗的祭祀都保不住，这是陛下亲眼所见的。当今太子仁德厚恩，天下人都知道；皇后又同你东征西讨，吃的苦不少，皇上怎么忍心将他们母子抛弃？如果皇上真的想废太子，就先将臣给杀了。"

见叔孙通义正词严，刘邦无奈地笑了笑，说："你下去吧，另立太子只是我对大家开的一个玩笑。"

叔孙通说："太子是天下的根本，根本一摇天下就要动荡，陛下怎么能开这样的玩笑？"

叔孙通不只劝说，而且句句在理，没有反驳的余地。刘邦拿他没办法，只能说不再另立太子。

可是，改立刘如意为太子，是刘邦很久前就打定了的主意，他不会因几个人的几句话就轻易放弃。

这一天，刘邦安排一桌饭，摆上酒，叫太子陪侍。刘邦老谋深算，刘盈懦弱无谋，刘邦准备在这桌饭上将刘盈废掉。

人算不如天算，刘盈不是一个人来赴宴的，他的身后跟着四个鹤发童颜、精神矍铄的老人。刘邦一看，不认识。再看一眼，只见这四个老头都有八十多岁，每人都是宽袍大袖，容貌伟岸，个个像神仙。

"这几位是哪里的高人？"刘邦心中满是狐疑。

这四人，就是张良向吕雉举荐的商山四皓：东园公唐秉、用里先生周术、绮里季吴实和夏黄公崔广。刘邦对这四位极为敬服，日思夜想，却不得见。自己平生仰慕的四位高人竟然都听从自己最看不起的儿子刘盈的命令，刘邦彻底打消了改立太子的念头。

◉ 礼法捍卫者

刘邦驾崩后，太子刘盈即位，史称汉惠帝。他对叔孙通说："先帝园陵寝庙的礼仪规制，群臣都没有练习过。"因而任命叔孙通为太常，由他来制定宗庙仪法。

汉惠帝经常要去东边的长乐宫朝拜吕太后，每次去往长乐宫都要开路清道，禁止旁人通行，很是烦扰别人。于是汉惠帝在武库的南边，建造了一座连接长乐宫和自己居住的未央宫的天桥。

叔孙通有事上奏，趁机对汉惠帝说："陛下怎么能擅自把天桥修建在每月从高寝送衣冠出游到高庙的通道上面呢？高庙是先帝的祭祀所在，怎么能让后代子孙到宗庙通道的上面去行走呢？"

汉惠帝听后大为惊恐，说："赶快拆了它。"

叔孙通说："做君主的不能有错误的举动。现在天桥已经建成了，百姓都知道了这件事，如果拆掉天桥，那就表示陛下有错误的举动。希望陛下在渭水北面另立一座原样的宗庙，把高祖衣冠在每月出游时送到那里，更要增多、增广宗庙，这是大孝的根本。"

汉惠帝于是命令相关官吏另立一座原样的宗庙。这座另立的宗庙能够建造起来，是因为建造了天桥。

汉惠帝曾在春天时到离宫出游，叔孙通说："古时候有在春天给宗庙进献水果的仪礼，现在正当樱桃成熟的季节，可以拿来进献，希望陛下出游时，顺便采些樱桃来献给宗庙。"

惠帝同意做这件事。后代进献各种果品祭祀祖先的仪礼就是由此兴盛起来的。

历史启示录

叔孙通是个极为矛盾的人，他有时非常变通，有时却也极其坚持。为了保命，叔孙通在秦二世面前圆滑逢迎，全无一句真话；刘邦不喜欢叔孙通穿儒服，他就立刻改穿短衣裳，同刘邦一样，于是他迅速获得了刘邦的好感。

在刘邦想要改立赵王如意为太子时，叔孙通又以太子老师的身份劝谏刘邦，认为太子是天下的根本，坚持立嫡立长的原则。而对登基后的汉惠帝，他也常以古时圣君的要求来劝谏他。

或许此一时彼一时。照此说来，叔孙通倒也是个对时世洞若观火之人。

天下无冤民 | 张释之的故事 |

◉ 崭露头角

张释之，堵阳人，字季，和他的兄长仲住在一起。因为家中颇有财产，于是张释之做了宫中的车骑侍从，侍奉汉文帝。此后十年，张释之一直没有得到升迁，默默无闻。

面对这种尴尬的处境，张释之对自己说："做了这么长时间的车骑侍从，耗费了兄长太多的财物，也没有成功得到升迁。"因而打算辞官回家。

中郎将袁盎知道他很有才干，品德也很优良，对于他要离去感到非常可惜，于是就请求汉文帝调任张释之为谒者。张释之朝拜汉文帝之后，趁机进言利国利民的大计方针。汉文帝说："谈话要切中现实情况，不要高谈阔论，说出来的应该是当前就能施行的。"

张释之于是谈起秦、汉之际发生的事，以此为例，滔滔不绝地阐述了秦朝灭亡、汉朝兴盛的原因。文帝听后觉得他说的很有道理，就提拔他做了总管谒者的谒者仆射。

◉ 上林苑观虎谏文帝

一次，张释之跟随汉文帝出行，来到上林苑，登临虎圈。汉文帝向管理上林苑的官员询问了登记在册的各种禽兽的情况，问了十几个问题，管理上林苑的官员东瞧西看，一个也回答不上来。

这个时候，看管虎圈的小吏上前代替上林苑官员回答了汉文帝提出的问题，答得非常周全。周围的人一看就明白，这个小吏想借此显示自己本事很大，任何问题都难不倒他。

汉文帝听完小吏的回答，很是欣慰，说道："做官吏不该像这样吗？那些上林苑的官员没办法信赖了，一个都不能再用了。"于是命令张释之让这个小吏做上林令。

张释之过了一会儿才来到文帝跟前说："陛下认为绛侯周勃是什么样的人呢？"

汉文帝说："是个忠厚长者。"

张释之又问："东阳侯张相如是怎样的人呢？"

汉文帝说："也是个忠厚长者。"

张释之说："绛侯与东阳侯都被陛下称为忠厚长者，可这两个人议论事情时都不善于言谈，哪里像这个小吏一样喋喋不休，能言善辩？秦朝时由于重用舞文弄法的官吏，官吏们便相互争着谁办事迅急、谁督责严苛。这样做的后果使得官样文书只流于表面形式，而没有怜悯同情的实质。秦始皇因此听不到自己的过失，国势一日日地衰败下去，到秦二世时，秦朝的天下也就土崩瓦解了。现在陛下因为上林苑小吏能说会道而破格提拔他，臣担心天下人都会追随这种风气，争相施展口舌之能而不讲究实际。

况且在下位的人效仿在上位的人，快得就如同影之随形和声之回响一样，陛下做任何决策都不可不审慎啊！"

汉文帝同意张释之的看法，不再提拔小吏为上林令。

汉文帝坐上车要回宫，让张释之陪乘坐在右边。车慢慢前行在回宫的路上，途中，汉文帝问张释之秦朝施政的弊端，张释之都据实而言。等天子的车驾回到宫中，文帝就任命张释之做了公车令。

◉ 弹劾太子

过了些时日，太子与梁王同乘一辆车入朝觐见文帝，来到皇宫外的司马门时没有下车，而是直接就进去了。张释之看到后，立刻追上前去，不让太子和梁王进入殿门，同时弹劾他们在宫门外不下车的大不敬之罪。

汉文帝之母薄太后听说了这件事，汉文帝就摘下帽子向母亲赔罪："都怪我教导儿子不严格。"

薄太后于是派使臣带着她的诏书去赦免太子和梁王，太子和梁王这才得以进入殿内。

通过这件事，文帝更加看出了张释之的与众不同，擢升他为中大夫。

◉ 霸陵谈棺

又过了些日子，张释之被任命为中郎将。有一天，他跟随汉文帝来到霸陵。汉文帝登上霸陵北坡四处眺望。此时，汉文帝的宠妃慎夫人也跟随在身边。汉文帝指着通往新丰的大道对慎夫人说："这是通往你家乡邯郸的道路啊。"

接着，汉文帝让慎夫人弹瑟，他自己合着瑟的曲调歌唱起来。

霸陵是为汉文帝建造的陵寝，也许是想到了自己百年之后将安葬于此，汉文帝的心里百感交集，回过头来对着群臣说："哎！用北山的石头做外椁，用切碎的苎麻丝絮填充缝隙，再用漆封涂住，这样的棺椁哪里还能打得开呢？"

身边的近侍都说："陛下英明，这应该是很完善了。"

张释之上前说道："假如棺椁里放了许多会引发人们贪欲的东西，即使将整座南山封铸起来做棺椁，也还会有缝隙；假如棺椁里没有放那些会引发人们贪欲的东西，即使没有棺椁，又哪里用得着忧虑呢？"

文帝称赞他说得好，后来任命他做了廷尉。

◉ 乡人惊驾判罚金

这之后不久，文帝出巡经过长安城北的中渭桥，突然有一个人从桥下跑了出来。汉文帝驾车的马受到了惊吓，于是命令骑士抓捕了这个人，交给廷尉张释之处置。

张释之审讯这个人。这个人如实交代："我是长安县的乡下人，刚来到城里，听到皇帝出巡，禁止人通行的命令，就躲在桥下。等了很久，以为皇帝的车驾已经过去了，就从桥下出来，结果看到了皇帝的车驾，心里慌张，什么也没想就急急忙忙跑开了。"

廷尉张释之审讯完毕，将判处结果上奏给文帝：这个人违反了禁止人通行的命令，应处以罚金。

文帝看到张释之的奏报后，勃然大怒。他说："这个人惊了我的马，幸亏我的马驯良温和，如果是别的马，说不定就把我摔伤了，可是廷尉才判处他罚金！"

张释之说："法律是天子和天下人应该共同遵守的。现在法律就这样规定的，如果随随便便就更改法律，加重处罚，那么法律就不能取信于民。要是陛下当时就叫人杀了那个人也就罢了。现在陛下既然把这个人交给廷尉处置，廷尉是天下公正执法的带头人，稍有偏差，天下执法者都会随着自己的意思任意判刑，这样一来，老百姓就会手足无措了。希望陛下能够明察。"

听完张释之的陈述，文帝沉默了许久，才开口说道："廷尉的判处是正确的。"

◉ 执法论事公正

这件事过后，有人偷走了高庙神座前的玉环，被抓到，汉文帝震怒，将这个人交给廷尉治罪。张释之按法律所规定偷盗宗庙服饰器具之罪奏报汉文帝，说这个人应当判处死刑。

汉文帝勃然大怒道："这个人胡作非为，无法无天，竟敢偷盗供奉先帝庙的器物，我把此人交给廷尉审理，目的就是想要灭了他的宗族，而你却只是按照法律条文把判处意见报告给我，这根本就不是我恭敬奉承宗庙的本意啊。"

张释之脱掉自己的官帽，叩头向汉文帝谢罪说："依照法律这样处罚已经足够了。况且在罪名相同时情况下，也要区别犯罪程度的轻重不同。如若现在因为这个人偷盗祖庙的器物就要将他灭族，万一有愚蠢的人去盗取高祖陵寝上的一捧土，那么陛下要用什么法律惩处他呢？"

汉文帝并没有马上批复张释之的判决。过了一段时日，汉文帝和薄太后讨论了这件事，才同意了廷尉的判决。中尉条侯周亚夫与梁国国相山都侯王恬开看到张释之执法论事公正，就和他结为亲密的朋友。张释之由此得到天下人的称赞。

◉ 向景帝谢罪

后来汉文帝驾崩，汉景帝即位。当年汉景帝还是太子时，曾与梁王同乘一辆车入司马门而不下车，遭到张释之的弹劾。如今太子做了皇帝，张释之内心非常惶恐，假称生病，想要辞职离去，又担心会因此被诛杀；想要当面向汉景帝谢罪，却又不知怎么办好。后来用了王生的计策，终于见到汉景帝得以道歉谢罪，汉景帝并没有责怪他。

王生是个喜好黄老学说的处士。他年迈时被召进宫中，三公九卿全齐聚站在两旁，他说："我的袜带松脱了。"而后回过头来对张释之说："你过来给我结好袜带！"张释之就跪下，为王生结好袜带。

事后，有人问王生说："为什么在朝廷上羞辱张廷尉，让他跪着给您结袜带呢？"

王生说："我年纪大了，地位又卑下。自己想着已经没有机会能帮张廷尉了。张廷尉如今是天下名臣，我故意羞辱张廷尉，让他跪下给我结袜带，是想用这种办法来衬托他的名望。"

公卿们听后，都称赞王生的贤德而且也愈加敬重张释之。

张释之侍奉汉景帝一年多后，被降职去担任淮南王相，这其实还是因为以前得罪过汉景帝。过了一段时间，张释之便去世了。

张释之的儿子叫张挚，字长公，做官一直做到大夫，后被免职。由于他不愿曲从讨好当时的权贵显要，因此直到死他也没有再做官。

历史启示录

张释之敢于坚持正确意见，劝谏皇帝，弹劾太子，执法论事公正，这些都令人折节佩服。当然，人与人之间是存在互动关系的，张释之之所以能坚持原则，是因为他遇到了从谏如流的汉文帝。而汉景帝登基后，张释之由于景帝衔恨在心，丢了官职，只能做个徒有其名的淮南王相。人的命运，有时也是无可奈何。

保家卫国飞将军 | 李广的故事 |

◉ 文帝的叹息

李广将军是陇西成纪人，他的先祖就是追击燕国太子丹的秦代将军李信。李家的故乡原来是在槐里，后来迁徙到了成纪。他们家世世代代传习射箭之术。

汉文帝十四年（公元前166年），匈奴大举入侵萧关，李广以良家子弟的身份参军抗击匈奴。由于擅长骑术和射箭，斩杀敌人众多，李广被升任为汉中郎。他的堂弟李蔡也被任命为中郎。二人都在文帝身边任武骑常侍，年俸八百石。

李广曾随文帝出行，常有冲锋陷阵、抵御敌人，以及格杀猛兽的事，文帝见此叹息地说："真是可惜啊！你没生在好时候，如果让你赶上高帝的时代，封个万户侯有什么难的！"

◉ 奋力与匈奴作战

景帝继位初期，李广先是做陇西都尉，后调任为骑郎将。吴、楚等诸侯国叛乱时，李广作为骁骑都尉，跟从太尉周亚夫攻打吴、楚两国的军队，在昌邑城下夺取了敌人的军旗，立下了显赫的功劳。

由于梁王私自授予李广将军印信，虽然立了大功，但班师回朝后，李广并没有得到朝廷的封赏。后来他被调任为上谷太守，几乎每天都与匈奴作战。

典属国公孙昆邪流着泪对景帝说："李广的才能与气概，普天之下找不到第二个。他依仗着自己的本领，屡次与匈奴激战，臣担心朝廷会失去一位大将。"

景帝听从了公孙昆邪的建议，将李广调到上郡担任太守。后来李广又转任边境各郡的太守，又调任他到上郡。算下来，李广在陇西、北地、雁门、代郡、云中等郡都做过太守，任职期间以奋力作战而出名。

◉ 李广巧对匈奴骑兵

有一次，匈奴举兵入侵上郡，景帝派遣一位宠信的近侍跟随李广学习军事，抗击匈奴。

这个近侍带领数十个骑兵，肆意驰骋，遇见了三个匈奴人，就与他们作战。三个匈奴人用箭射伤了这个近侍，他带领的那些骑兵也几乎被杀光。

近侍逃到李广处，李广说："这必定是匈奴的射箭高手。"李广于是带着百名骑兵前去追击。

三个匈奴人为了不让人发现自己的行踪，便弃马步行。李广追了数十里路，发现了他们，随即命令手下骑兵左右散开，两路包抄。他自己拿起弓箭射向那三个匈奴人，最终射死了两人，活捉了一人。

李广将俘虏捆绑好上了马，却远远望见前方有数千名匈奴骑兵。匈奴人这时也看到了李广，以为他们是诱敌的骑兵，便跑上山去摆开阵势。

李广的百名骑兵见此都大为惊恐，想要掉头逃跑。

李广说："我们离敌人大军只有几十里，照眼下形势，如果我们这一百名骑兵转身跑走，匈奴人一定会追上来把我们全都杀光。但是如果我们留下来，匈奴人必定会以为我们是引诱敌军的疑兵，他们就不敢攻击我们。"

说完这番话，李广向骑兵下令："前进！"

骑兵向前进发，到了距离匈奴军队大约二里的地方，李广命令大家停下来，而后命令道："大家下马解下马鞍！"

骑兵们不解地问道："敌兵那么多而且离我们还近，万一有什么紧急情况，我们该怎么应对呢？"

李广说："匈奴人原以为我们会逃跑，现在我们解下马鞍表示不逃，这样会让他们更加相信我们是诱敌之兵。"

见到李广他们下马解鞍的情景，匈奴骑兵果然不敢来攻击。

等到有一名骑白马的匈奴将军来到阵前询问他的士兵，李广看到后立刻翻身上马，带领十几名骑兵一起冲过去，射死了那个骑白马的匈奴将军。回到自己的骑兵队伍中后，李广又解下马鞍，让士兵们都放开马，随便躺卧。

时值黄昏，匈奴人始终觉得李广和他的骑兵举止怪异，不敢进攻。到了半夜，匈奴人又怀疑附近有汉军的伏兵，害怕汉军趁夜偷袭他们，因而撤兵离去了。

第二天清晨，李广才带着骑兵回到大军中。大军不知道李广的去向，所以无法派兵接应。

◉ 出任卫尉

过了几年，景帝驾崩，武帝继位。武帝的左右近臣都认为李广是名将，于是武帝便将担任上郡太守的李广调来当未央宫的卫尉，同时也将程不识调来做长乐宫的卫尉。

程不识和李广曾经都以边郡太守的身份领军戍边。每次率军攻打匈奴，李广都没有严格的队列和阵势，走到水草丰茂的地方，就让士兵们停下来安营扎寨，每个人都感到非常方便。到了晚上也不打更自卫，幕府也简化了各种文书簿册。表面上毫无防备，其实远远地布置了哨兵，所以李广的队伍不曾遭到过敌人的突袭。

程不识与李广完全不同，他要求军队行军队列驻扎都要严格按照规定来，夜里必须打更，文书军吏要处理公文簿册一直到天亮，军队得不到休息，但也不曾遇到什么危险。

程不识说："李广治军简便易行，但如果敌人突然袭击他，他肯定无法阻挡。他的士卒倒也安逸快乐，都甘心为他拼死战斗。我治军虽然烦扰，但是敌人也不敢轻易侵犯我。"

当时，汉朝边郡的李广、程不识都是抗击匈奴的名将，然而匈奴都害怕李广用兵的谋略，士兵们都乐意跟从李广，以跟随程不识为苦。

景帝时，程不识由于屡次直言进谏被封为太中大夫。他为人廉洁，谨守朝廷法令。

◉ 被生擒，侥幸逃脱

后来，汉朝用马邑城作为诱饵，引诱匈奴单于前来，与此同时，将大军埋伏在马邑城旁边的山谷间，准备一举歼灭匈奴大军。李广此时作为骁骑将军，归属护军将军韩安国统领。

单于到来后，察觉到汉军的计谋，率军离去，汉军无功而返。

四年后，李广由卫尉调任将军，率军出雁门向匈奴发起进攻。匈奴兵多，不仅打败了李广的军队，还生擒了李广。

当时李广受了重伤，匈奴人就把李广放在两匹马中间，装在绳编的网兜里。

就这样走了十多里路，李广斜眼看到他旁边的一个匈奴少年骑着一匹好马。李广突然纵身跳上匈奴少年的马，把少年推下去，夺了他的弓，策马向南奔驰数十里，遇到了自己的残部。

回到京师长安，朝廷把李广交给执法官。执法官认为李广的军队伤亡太多，他自己又被敌人活捉，按照法律应当斩首。李广用钱赎罪，成了一个普通百姓。

◉ 汉朝的飞将军

李广在家闲居已有好几年了。

李广和已故颍阴侯灌婴的孙子一起隐居在蓝田，经常到南山中打猎。

有一天夜里，李广带着一名骑马的随从外出，和别人一起在田野间饮酒。回来时经过霸陵亭，霸陵尉喝醉了，便大声呵斥，不准李广通行。

李广身边骑马的随从说："这是过去的李将军。"

霸陵尉说："现任将军我尚且禁止他通行，何况是过去的将军！"

李广因此被霸陵尉扣留。

没多久，匈奴入侵杀死了辽西太守，打败了韩安国将军。

为了抵御匈奴，武帝召见李广，任命他为右北平太守。李广

随即请求派霸陵尉随自己一道赴任，到了军中就把霸陵尉杀了。

匈奴听说李广驻守右北平，称他为"汉朝的飞将军"，躲避他好几年，不敢入侵右北平。

● 李广的爱兵之道

李广外出打猎，看到草丛中有石头，以为是老虎就搭弓射箭，射中了石头，箭头没入其中。李广近前一看，才发现是石头。接着重新再射，却再也没能将箭射进石头里去。

李广以前驻守边境各郡，一听说有老虎，就会亲自去射杀。到了右北平时，有一次射虎，老虎突然跳起来伤了李广，但最终李广还是射杀了老虎。

李广为官清廉，得到赏赐就分给他的部下，喝酒吃饭都同士兵在一起。终其一生，做二千石俸禄的官四十多年，家中却没有多余的财物，他也从不谈及家产方面的事。

李广身材魁梧高大，两条手臂长得就像猿猴一样。他善于射箭可以说是天赋，就算是他的子孙也赶不上他。

李广口才不好，话也不多，和别人在一起时，他就在地上画军阵，然后比射箭，照着箭射的疏密程度来定罚谁喝酒。平常无事，他就以射箭为消遣，直到死。

李广带兵，遇到缺粮断水的时候，要是发现了水源，士兵还没有都喝到水，李广就绝不会靠近水源；士兵还没有都吃上饭，李广一口饭也不会去碰。他对士兵一视同仁，宽厚和缓，从不严苛对待。士兵因此都非常爱戴他，愿意为他所用。

⊙ 功过相抵，没有封赏

没多久，郎中令石建死了，武帝召见李广，让他接替石建担任郎中令。

元朔六年（公元前123年），李广又出任后将军，跟随大将军卫青的军队征伐匈奴。

军中诸多将领斩杀敌人首级符合军法规定的数额，以战功被封侯，唯独李广的军队没有战功。

这之后过了两年，李广以郎中令的身份率领四千骑兵从右北平出塞，博望侯张骞率领一万骑兵与李广一同出征，兵分两路而行。

走了几百里路，匈奴左贤王率领四万骑兵包围了李广，李广的士兵都很害怕。为了稳定军心，李广命令自己的儿子李敢骑马往匈奴军中奔驰而去。

李敢独自率领数十名骑兵，直穿匈奴军阵，又从其左右两翼突出而返，李敢向李广报告说："那些匈奴人很容易对付！"士兵们这才安心。

李广将军队布置成面向外的圆形军阵，匈奴发起猛烈攻击，箭如雨下。汉军死了一半，箭也用光了。

李广于是命令士兵拉满弓，但不要放箭，李广自己则用大黄弩弓射匈奴的副将，射死了好几个，匈奴骑兵才渐渐散开。

这时天色已晚，汉军士兵都面无人色，唯独李广神态自然，指挥若定。军中士兵都很佩服他的勇气。

第二天，李广又率领士兵奋勇作战，没多久，博望侯的军队也赶到了，匈奴骑兵这才撤军而去。汉军因与匈奴作战非常疲惫，所以没有去追击。

李广的军队几乎全军覆没，只好收兵。

按照汉朝法律，博望侯行军迟缓，延误与李广军队的会合之期，应处死刑，博望侯用钱赎罪，被贬为平民。李广功过相抵，没有封赏。

◉ 李广的悔恨

当初，李广的堂弟李蔡和李广一起侍奉文帝。到了景帝时，李蔡积累的功勋让他做上了年俸二千石的官。武帝时，李蔡做了代国国相。

元朔五年（公元前124年），李蔡为轻车将军，跟随大将军卫青攻打匈奴右贤王，杀敌有功，被封为乐安侯。

元狩二年（公元前121年），李蔡代公孙弘出任丞相。

李蔡为人在下等之中，名声无法跟李广相提并论，然而李广没有得到封爵和封地，官位最多只是九卿，李蔡却被封为列侯，官位达到三公。李广手下的军官和士兵，也有人封了侯。

李广曾和观察云气以预测吉凶的方士王朔私下闲聊，他说："自从汉朝攻打匈奴以来，我没有一次不参加的。各部队校尉以下的军官，有些人的才能还不如中等人，却因为攻打匈奴有功，数十个人都被封了侯。我李广不比别人差，却拿不出一点功劳来得到封地，这是为什么呢？难道是我的面相不该封侯吗？还是本来就命该如此呢？"

王朔说："将军自己回想一下，难道你曾经没有做过令自己悔恨的事吗？"

李广说："我曾经在陇西做过太守，有一次遇上羌人反叛。我以诱骗的手段使他们投降，投降的有八百多人，我用欺诈手段在同一天把他们都杀了。直到今天，这仍是我最悔恨的一件事。"

王朔说："最大的罪过就是杀掉已经投降的人，这也许就是将军不能封侯的原因。"

◉ 自刎而死

两年后，大将军卫青、骠骑将军霍去病率军大举进攻匈奴，李广几次请求随军出征，都被武帝以他年老为由而拒绝。

李广不死心，再次向武帝请求，武帝这才批准，让他任前将军。这一年是元狩四年（公元前119年）。

李广追随大将军卫青出征匈奴，出塞以后，卫青俘获了敌兵，从敌兵口中得知了单于的居所，于是亲率精兵去追单于，同时命令李广和右将军的军队合兵一处，由东路出击。

东路路程有些迂回绕远，而且大军走在水草缺少的地方，势必不能并队行进。

于是李广对卫青说："我是前将军，现在大将军却命令我从东路进军。我成年后就一直与匈奴作战，直到今天才得到与单于对战的机会，我愿做前锋，和单于决一死战。"

大将军卫青暗中受到武帝的告诫，认为李广年老，命运也不好，千万不能让他与单于对上，否则就不能完成俘获单于的计划。

当时，公孙敖刚刚失去了侯爵，以中将军的身份跟随大将军卫青出征。公孙敖曾救过卫青一命，卫青因此想让公孙敖跟自己一起迎战单于，为他赢得一个重新封侯的机会，所以故意把李广调开。

李广也知道卫青这样做的原因，因此坚决要求大将军收回刚才的命令。

卫青没有答应李广的请求，命令长史写文书发到李广的幕府，说："快点到右将军那里去，一切照文书上写的办。"

李广没向卫青辞别就起身走了，非常恼怒地回到自己的军中，率领队伍与右将军赵食其会和后从东路出发。

大军由于没有向导，走着走着就迷了路，落在了卫青的后面。

卫青与单于交战，单于不敌，逃跑了，卫青没能活捉匈奴单于，只好撤兵。大军在南行穿越沙漠时，遇到了李广和赵食其。

卫青派长史将干粮和酒送给李广，并向李广和赵食其询问迷失道路的情况。卫青这是准备向武帝上疏报告这次行动的经过。李广没有回答。

卫青于是派长史责令李广的幕府人员前去受审。李广这时说："校尉们没有罪，是我自己迷了路，我现在亲自到大将军那里去受审。"

到了大将军幕府，李广对卫青的部下说："我成年以来，与匈奴打过大小七十多仗，如今有幸跟随大将军出征与单于军队作战，可是大将军又调我的部队去走迂回绕远的路，而我在途中偏又迷失了道路，这难道不是天意吗？何况我已六十多岁了，再也不能受那些刀笔吏的侮辱。"说完就拔刀自刎了。李广军中的将士无不为之痛哭。

百姓听到这个消息，认识与不认识的、年老的与健壮的，都为李广落泪不止。

右将军赵食其被交予执法官吏，按照法律判为死罪，赵食其用财物赎罪，降为平民。

◉ 李氏家族日渐衰微

李广有三个儿子，名字分别叫当户、椒、敢，三人都担任郎官。

有一次，武帝和宠臣韩嫣嬉戏，韩嫣对武帝稍有些放肆，李当户因此就去打韩嫣，韩嫣逃走，武帝由此认为李当户很勇敢。

李当户英年早逝，武帝封李椒为代郡太守，这二人都比李广过世早。李当户有个遗腹子名叫李陵。李广在军中自刎时，李敢正跟随骠骑将军霍去病。

李广死后第二年，李蔡侵占了景帝陵园神道两旁的空地，应送交法吏查办，李蔡不愿受审，于是也自杀了，他的爵位封地被废除。

李敢以校尉的身份追随骠骑将军霍去病攻打匈奴左贤王，奋勇作战，夺得左贤王的战鼓和军旗，斩杀许多敌人首级，因军功赐封关内侯爵位，食邑二百户，接替李广担任郎中令。

没多久，李敢怨恨大将军卫青使他父亲饮恨而死，打伤了卫青。卫青把这件事隐瞒了下来，没有声张。又过了没多久，李敢随从武帝去雍地，在甘泉宫打猎。骠骑将军霍去病和卫青有亲戚关系，对李敢打伤卫青一事耿耿于怀，于是便借机把李敢射死了。

霍去病当时正值显贵，深受武帝恩宠。武帝为了保护霍去病，就隐瞒真相，说李敢是被鹿撞死的。

李敢有个女儿，做了太子的侍妾，很受宠爱。李敢还有个儿子叫李禹，也很受太子宠爱，但他贪财好利，没有什么作为，李氏家族就此日渐败落衰微了。

历史启示录

李广是个悲剧英雄，历经文帝、景帝、武帝三朝，精于骑射，沉着机智，爱护士卒，战功卓著，威名远播，可谓良将，然戎马一生，却难封侯，最终竟还落得个自杀的结局。

是李广没有封侯的实力吗？景帝认为李广要是赶上汉高祖的时代，轻松就能封个万户侯，可为什么到了武帝时代，却不能遂愿呢？原因多种多样，我们只能说，人在时代的旋涡中翻腾，命运并不是自己能把握的。

一代名将驱匈奴 | 卫青、霍去病的故事 |

◉ 囚犯的预言

　　大将军卫青是平阳县人，字仲卿。他的母亲卫媪是平阳侯的婢妾，父亲郑季本在县中为吏，后来到平阳侯家里做事，与卫媪相好，生了卫青。

　　卫青本不姓卫，只因同母的姐姐卫子夫后来得到武帝的宠幸，因此改姓为卫氏。

　　卫媪无暇照顾卫青，就把他送回给郑季。郑季家里原是有妻子的，也为郑季生了几个儿子，他们都不把卫青当作兄弟，只让他放羊。郑季也不为他说话。这样，年少的卫青整日对着羊群，对着山上的枯风，人变得沉默起来。

　　"您的面相贵不可言，将来定能官拜上将军，立功封侯！"这是卫青去甘泉宫时，一个戴枷的囚犯对他说的。那人满面狼藉，黑乎乎的，唯一能看清的是他的眼睛。"能不挨打挨骂，有口饱饭吃就已经很不错了，我一个奴隶生的孩子，怎能奢望封侯？"囚犯还想说下去，卫青已经摇摇头走了。

◉ 大难不死，因祸得福

卫青长大成人后，做了平阳侯家的骑兵，平常就跟随在平阳公主左右。

建元二年（公元前 139 年）的春天，卫子夫进宫受到武帝宠幸。

皇后陈阿娇是堂邑大长公主刘嫖的女儿，她没有为武帝生下儿子。大长公主听说卫子夫得武帝宠幸后有了身孕，大为嫉妒。但想要伤害卫子夫是不可能的，于是她就派人抓捕了卫青。

卫青当时在建章宫任职，尚不出名。大长公主抓捕囚禁卫青后，想要杀了他。卫青的朋友骑郎公孙敖带着一些壮士前去劫狱，卫青因此没有死。

武帝知道这件事情后，就召来卫青，任命他为建章监，加侍中官衔。连同他的同母兄弟们也都随之显贵，武帝给他们的赏赐，短短几天就累积到了千金之多。卫子夫成为夫人后，卫青也被升为大中大夫。

◉ 斩杀匈奴，立功封侯

元光五年（公元前130年），匈奴人突袭上谷郡，烧杀抢掠而回。武帝决定给匈奴人一个教训，于是组织了四路万人骑兵出击匈奴：车骑将军卫青出上谷郡；骑将军公孙敖出代郡；轻车将军公孙贺出云中；骁骑将军李广出雁门。

卫青领兵到达茏城，砍下敌人首级数百个。骑将军公孙敖损失了七千名骑兵，卫尉李广则被匈奴人活捉，最后逃脱而回。按照军法，李广和公孙敖都被判为死刑，他们交了赎金，免了死刑，降为平民。轻车将军公孙贺也没有得到功劳。

元朔元年（公元前128年）春天，卫子夫生了个男孩，被武帝立为皇后。这年秋天，卫青再次以车骑将军的身份，率领三万骑兵攻打匈奴，斩杀敌人数千人。

第二年，匈奴大举入侵，杀死辽西太守，掳掠渔阳郡百姓二千多人，还打败了韩安国将军的军队。

武帝大怒，随即命令李息将军从代郡出兵攻打匈奴；又命令车骑将军卫青从云中出发，向西攻打匈奴，直到高阙。

卫青率大军攻取了黄河以南地区，一直打到陇西，俘获敌军数千名，得到牲畜数十万头，打跑了白羊王和楼烦王。

战事结束后，武帝将黄河以南之地设为朔方郡，封卫青为长平侯，划定三千八百户做他的食邑。

元朔三年（公元前126年），匈奴入侵代郡，杀死太守，攻入雁门，抢掠当地百姓一千余人。

元朔四年（公元前125年），匈奴大举入侵代郡、定襄、上郡，斩杀抢掠汉朝百姓数千人。

◉ 卫青得封大将军

元朔五年（公元前124年）春天，武帝命令车骑将军卫青率领三万骑兵由高阙而出攻打匈奴；下令卫尉苏建为游击将军，左内史李沮为强弩将军，太仆公孙贺为骑将军，代相李蔡为轻车将军，由朔方而出攻打匈奴；李息将军和张次公将军则兵出右北平。

匈奴右贤王派兵抵御卫青等人的大军，以为汉朝军队不能深入大漠，便喝起酒来，一直喝到烂醉如泥。到了晚上，汉军突袭，包围了右贤王。

右贤王大惊，趁着夜色，带着他的一个爱妾和几百个精壮的骑兵向北突围而去。汉朝的轻骑校尉郭成等人追赶了几百里，没能追上。

这次突袭，汉军捕获了右贤王手下的小王十多人，男女一万五千余人，牲畜数千百万头。卫青率军凯旋，刚走进汉朝边境，武帝派遣的使者就拿着大将军的官印，任命卫青为大将军。

武帝随后加封卫青六千户食邑，又封卫青的儿子卫伉为宜春侯，卫不疑为阴安侯，卫登为发干侯。

卫青坚决推辞，说："我侥幸能在军队中为陛下效力，唯恐失职获罪。有赖陛下的神圣威灵，才使军队获得大捷，这也是各位校尉拼力奋战的功劳。陛下已经降恩加封我的食邑。我的几个儿子年龄还小，没有征战匈奴的军功，陛下却授予他们三人封地爵位，这不是我在军队效力，以此鼓励战士奋力打仗的本意啊！"

武帝说："我并没有忘记各位校尉的功劳，我本来就是要奖赏他们的。"

武帝于是命令御史，对卫青手下各位有功将领进行封赏。

第二年（公元前123年）春天，匈奴又来犯边。武帝遂遣大将军卫青率大军两次出击，共斩杀匈奴万余人。但汉军也有伤亡，而原为匈奴小王的赵信见战场形势不利，更是投降匈奴。

右将军苏建所率部队全军覆没，只独自一人逃回卫青军中。卫青就苏建的兵败之罪向军正闳、长史安和议郎周霸等征询意见，说："苏建这事该怎么办呢？"

军正闳和长史安说："兵法上说'两军交锋，军队少的一方即使拼命死战，也要被军队多的一方打败'。现在，苏建率几千人与单于的几万人奋战一天多的时间，士兵全部牺牲，仍然不敢有背叛汉朝的心意，自己归来。结果却要被自己人处斩，这是告诉士兵们今后若是战败了，即使投降匈奴，也不可返回汉朝。末将建议不应当杀苏建。"

卫青说："我有幸以皇帝亲戚的身份在军队效力，从不担心没有威严，而周霸劝我杀掉苏建以树立个人的威严，这大失我做臣子的本意。何况就算是我的职权允许我斩杀有罪的将军，但是凭我尊宠的地位，我还是不敢擅自在国境外诛杀败将，以我之见，我们还是把情况报告给天子，让天子自己裁决，以此表示身为臣子不敢专权，这难道不是很好吗？"

军中将领们都说："好！"于是就把苏建关押起来，送往武帝处。卫青则领兵进入边塞，停止了对匈奴的征伐。

◉ 方士的建议

这一年，卫青姐姐的儿子霍去病年满十八岁，受到武帝宠爱，做了皇帝的侍中。

霍去病善于骑马射箭，两次随大将军出征，卫青奉武帝之命，拨给他一些壮勇的士兵，任命他为票姚校尉。

他率领八百名骑兵，离开大军几百里，寻找攻杀匈奴的战机，结果他们斩杀俘获的敌兵数量超过了自身的损失。武帝得知消息后，认为霍去病的功劳在全军数第一，因而封他为冠军侯。

在这一年征讨匈奴的战事中，一位将军兵败，一位将军叛逃，军功不多，卫青因此没有得到武帝的加封。苏建被押送回长安后，武帝没有杀他，而是赦免了他的罪过，让他交了赎金，成为平民。

卫青班师回朝，武帝赏赐他千金。

此时，王夫人正得宠于武帝。方士甯乘就劝卫青说："将军您今年军功不算太多，却仍旧食邑万户，三个儿子都受封为侯，这全都是因为卫皇后。现如今王夫人得天子恩宠，而她的家族还没有富贵，希望将军献出天子赏赐的千金，为王夫人的双亲祝寿。"

卫青听从了甯乘的建议，拿出五百金给王夫人的双亲祝寿。武帝知道后就问卫青，卫青把实情报告给了武帝，于是武帝就任命甯乘做了东海都尉。

◉ 霍去病屡立战功

元狩二年（公元前 121 年）春天，武帝任命冠军侯霍去病为骠骑将军，率领一万骑兵出陇西攻打匈奴，再建新功，遂加封霍去病食邑二千户。

这年夏天，霍去病与公孙敖一起从北地出兵，分道进军；博望侯张骞、郎中令李广一起从右北平出兵，两人也是分道进军。这四路大军都是去攻打匈奴的。

李广率领四千骑兵首先到达敌方势力范围，张骞率领一万骑兵随后到达。匈奴左贤王率领几万骑兵围攻李广，李广率军与之激战两天，一多半的士兵都战死了，不过他们杀死的敌人数目超过了自身损失的人数。

张骞领兵赶到战场时，匈奴人已经撤走。张骞因犯了延误军机的罪过，被判死刑，交了赎金后，免罪成了平民。

霍去病出了北地后，很快就深入匈奴腹地，因公孙敖走错了路，两军没能相会。霍去病孤军越过居延泽，一直打到祁连山，抓获了很多敌人。

武帝说："骠骑将军越过居延泽，顺利经过小月氏，一路进军攻打到祁连山，俘虏酋涂王，率众投降的有二千五百人。斩杀敌人三万零二百人，俘获五个匈奴小王和五个匈奴小王的母亲，还有单于的妻子、五十九个匈奴王子，以及相国、将军、当户、都尉等六十三人，而骠骑将军的军队只减损了十分之三，加奉霍去病食邑五千户。"

霍去病军中各位老将军率领的士卒和马匹武器都不如霍去病，霍去病率领的是精挑细选出来的精兵。因此他敢于深入敌军境内作战，经常和健壮的骑兵跑在大军前面。他军队的运气也很好，没有遇到过大的困境。其他老将军就没有霍去病那么幸运了，他们不仅行军迟缓落后，还经常遇不到好的战机。

霍去病战功越来越多，武帝对他也越发宠信，他的地位越来越尊贵，跟大将军卫青相差无几。

◉ 霍去病加封食邑

这年秋天，由于身处西方的浑邪王屡次被霍去病率领的汉军打败，损失几万人，匈奴单于大怒，想把浑邪王召回来，将他处死。浑邪王和休屠王因此想要投降汉朝，于是就先派人到边境与汉朝人联系。

此时，李息将军正率领士卒在黄河边上修筑城池，见到浑邪王派来的使者，立即将这一消息上报给了朝廷。

武帝得知此事后，担心浑邪王用诈降的办法偷袭边境，就命令霍去病率军前去迎接浑邪王和休屠王。

霍去病率军渡过黄河，与浑邪王的军队对望。浑邪王手下的将军们看到汉朝军队，很多都不想投降，有一些人因此逃走了。霍去病骑马同浑邪王相见，杀了想逃走的八千人。

霍去病命浑邪王一人乘着传车，先到皇帝的行在所，之后由他领着浑邪王的军队渡过黄河。随浑邪王投降的人有几万人，号称十万。他们到达长安后，武帝赏赐了几十万钱，又封浑邪王为漯阴侯，他手下的小王和重要部署也各有封赏。

武帝对霍去病非常赞赏，加封他一千七百户食邑。同时因为浑邪王归降的关系，武帝还减少了陇西、北地、上郡一半的戍守士卒，这使得全国百姓的徭役负担得到了缓解。

◉ 征战漠北

元狩四年（公元前 119 年）春天，武帝命令大将军卫青、骠骑将军霍去病各率领五万骑兵，跟随在大军身后的，还有几十万步兵和转运后勤物资的人，那些敢于拼死奋战、勇于深入敌人腹地的士卒都隶属霍去病。

霍去病最初计划从定襄出兵去迎击单于。后来武帝从抓获的匈奴俘虏口中得知，单于向东而去，于是就改令霍去病从代郡出兵，命令大将军卫青从定襄出兵。

卫青随即率领大军越过沙漠，连人带马共五万骑兵，同霍去病一起攻打匈奴单于。

赵信向单于献上计谋说："汉军已经越过沙漠，人马疲惫，我们可以坐收汉军俘虏。"

于是单于下令，将粮草辎重全部运到赵信城，而把精兵安排在沙漠以北，等待汉军疲惫而来。

此时，卫青的军队已开出塞外一千多里，发现单于的军队列阵以待，于是下令让战车排成环形营垒，又命五千骑兵纵马前去厮杀。匈奴派出一万骑兵对战。

太阳西下，这时刮起了大风，沙石打在人的脸上，两军都无法看见对方，汉军出动左右两翼骑兵，快速包抄单于。

单于看到汉军人多，且斗志昂扬，如果交战，势必对匈奴不利，于是趁着天色渐渐暗下来，乘着六头骡子拉的车子，带着几百名骑兵，突围而出，朝着西北方向奔去。

天色已完全黑了，汉军和匈奴激战不休，死伤相当。汉军左校尉抓到一个匈奴人，他说单于在天黑前就逃走了，汉军于是就派出轻骑兵连夜追击，卫青带领大军紧随其后。

到了天亮时分，汉军跑了二百余里路，没有追到单于，却俘虏和斩杀敌兵一万多人，顺利到达寘颜山下的赵信城，获得了匈奴存储的粮食，供大军食用。汉军在赵信城留住了一日后回撤，离开前把城中剩余的粮食全部烧掉了。

这次出击匈奴，卫青率军总共斩获敌人首级一万九千。

骠骑将军霍去病率领的五万骑兵，车辆辎重与大将军卫青相同，手下却没有配备副将。他就以李敢等人为大校，做自己的副将，从代郡、右北平出兵，走了一千余里，遇上左贤王的军队，一番激战后，斩杀俘获敌兵所得的军功已超过了大将军卫青。

大军回朝后，武帝加封霍去病五千八百户食邑，他的手下，大到将军，小到军吏，也各自得到了丰厚的赏赐。大将军卫青没能得到加封，其军中的各级将领和士卒也没有被封侯。

⊙ 像山一样的将军墓

朝廷增设了大司马官位，大将军卫青和骠骑将军霍去病同时担任大司马。武帝还特别定下法令，让霍去病的官阶俸禄同卫青相等。

从这以后，卫青的权势一日不如一日，而霍去病的尊贵一日胜过一日。卫青的老友和门客大多都离开了他，而去投靠霍去病，很快就得到了官职爵位，只有任安不肯这样做。

霍去病为人话很少，从不泄露别人说过的话，有气魄、敢担当。武帝曾经想要教他孙子和吴起的兵法，他说："行军打仗只关注战略就够了，没必要去学古代兵法。"

武帝为霍去病建宅邸，建好后让他去看看，他回答说："匈奴还没有消灭，还没有心思考虑家的事。"从此以后，武帝更加重用和喜爱霍去病。

只是霍去病年纪轻轻就做了侍中，一直生活在富贵之中，不太懂得体恤士卒。他每次出兵打仗，武帝派遣太官给他送去几十车食物，待他得胜回朝，辎重车上丢弃了许多米和肉，而他的士卒中还有人挨饿。

他在边塞之外打仗时，士卒缺粮，很是饥饿，而霍去病还在玩踢球游戏，完全不顾士卒疾苦。类似这样的事情有很多。大将军卫青则仁爱善良，谦和忍让，能以宽和柔顺的态度取悦武帝，但是天下之人并没有因此而称赞他。

霍去病自元狩四年（公元前119年）攻打匈奴以后两年，也就是元狩六年（公元前117年）去世。武帝对他的死感到非常悲伤，下旨调遣五郡的铁甲军，从长安排列成阵一直到茂陵。

武帝在茂陵的东侧为霍去病修筑了坟墓，坟墓外形就像祁连山的样子。

霍去病死后，他的儿子霍嬗继承了冠军侯的爵位。元封元年（公元前110年），霍嬗去世，因他没有儿子，后代断绝，封国因此被废除。

元封五年（公元前106年），大将军卫青去世，朝廷给他的谥号为烈侯。卫青长子卫伉继承长平侯爵位。过了六年，他因犯法而失爵位。

卫青死后，武帝在茂陵东北侧为他修建了一座形状如阴山一样的坟墓，与霍去病坟墓相隔不远。

历史启示录

汉武帝时期最著名的战将，当属卫青和霍去病。正是有了这两个人，大汉与匈奴的攻守之势才会发生根本性的改变。

两人一舅一甥，性格不同，作战理念不同，处事方式不同，却都立下不世奇功，无论在汉朝历史上，还是在整个华夏历史上，都称得上是一大奇观。